W0181141

Die Reise zum Leben
Was uns Filme über unsere Sehnsüchte verraten

Überarbeitete Neuausgabe Juli 2011
2. Auflage Mai 2011
Copyright: © Tobias Kron 2010

Druck und Herstellung
AALEXX Buchproduktion GmbH

Lektorat
Annette Bossert, Antje Walter, Anja Paschke

Korrektorat
Heinz W. Pahlke

Design und Gestaltung
Andreas Rudolph, DD.KONZEPT

Chinesische Schriftzeichen
Jie Jie Ng

Die Bibelzitate entstammen der Gute Nachricht Bibel,
revidierte Fassung, Deutsche Bibelgesellschaft, Stuttgart, 1997.

Einzelne, speziell gekennzeichnete Bibelverse, entstammen der
Hoffnung für alle – Die Bibel, revidierte Fassung,
Brunnen Verlag, Basel, 2003.

ISBN 978-3-940326-36-2

DANK

Für meine Eltern und meinen Bruder. Mit Euch ist meine Reise zum Leben gestartet. Ihr habt mich auf dieser Reise immer unterstützt und tut es auch heute noch. Ihr seid für mich Vorbild, Ermutigung und eine Quelle der Inspiration. Es ist ein Vorrecht, mit Euch gute und herausfordernde Tage unserer Reise zu teilen. Ihr seid meine Helden, in Siegen und Niederlagen. Von Euch habe ich gelernt, der zu sein, der ich heute bin. Zusammen gehen wir in die Zukunft! Am Ziel der Reise werden wir merken, dass das Leben erst begonnen hat. Dort werden wir uns eine Ewigkeit austauschen können über unsere Reise zum Leben.

Ich danke auch meiner Frau Regina. Du hast mich während des Schreibens sehr unterstützt und mich oft vor dem Aufgeben bewahrt.

Mein Dank gilt auch Martin Dreyer für seine Vorschläge und Inspirationen.

Danke an die leitenden Personen von Hygia, Vienna Fitness und Wobtalk. Danke für Eure Unterstützung, denn für die großen Dinge im Leben braucht es eine verschworene Gemeinschaft.

Tobias Kron, Juli 2011

„Frag dich nicht, was die Welt braucht. Frag dich, was du brauchst, um lebendig zu sein. Die Welt braucht nichts dringender als lebendige Menschen."
Howard Thurman

INHALT

VORWORT

Mit diesem Buch werden Sie sich auf eine ganz neue Art und Weise Ihren Sehnsüchten nähern, nämlich über einen Film und ein emotionales Erlebnis.

Filme können nicht mehr lediglich als Unterhaltung gesehen werden. Sie sind mehr als das, viel mehr. So lernen wir über die Geschichte der Welt von Filmen wie Schindlers Liste, Platoon, JFK, Sophie Scholl, kommen in einen spirituellen Raum durch Kassenschlager wie Harry Potter, Herr der Ringe, Konstantin und Die Passion Christi und erfahren Beziehungshilfen durch Romeo und Julia, Twilight und Eat, Pray, Love.

Filme sind mehr als nur ein Akt des Vergnügens, sie formen vielmehr unser Leben. Als Walt Disney die Comicfigur des kleinen und tapsigen Rehkitzes Bambi im Kino etablierte, brach der Umsatz der Jagdgeschäfte in den USA von 5,7 Millionen Dollar auf 1 Million Dollar ein. Filme werden unser Leben prägen, verändern, formen, heilen und vielleicht auch den Weg dahin weisen, was es überhaupt heißt, das Leben in seiner ganzen Fülle zu begreifen. Darum wird es in diesem Buch gehen.

Ich gestehe gleich zu Anfang: Ich bin von Beruf Pastor. Bevor Sie das Buch nun sofort zur Seite legen, lassen Sie mich noch erwähnen, dass ich eine gute Portion meiner Zeit an öffentlichen Plätzen zubringe und Starbucks momentan sogar zu meinem Büro erkoren habe. Ein Mitglied meiner Kirche war für eine Zeit professioneller Barkeeper in der größten Diskothek meiner Stadt. Viele Stunden verbrachte ich in der Vorbereitung für dieses Buch dort an seiner Theke und kam mit etlichen der Besucher ins Gespräch über ihre Suche nach dem Leben.

Ich liebe es, unter Menschen zu sein, die nach dem Leben suchen. Oder bin ich einfach auch einer von ihnen? Die Kapitel dieses Buches leite ich jeweils mit einer Filmbeschreibung ein. Anschließend greife ich darin beinhaltete Themen auf, um zu praktischen Schritten und Möglichkeiten einer Reflexion zu kommen. Immer wieder werden Zitate bekannter Persönlichkeiten zwischen meinen Zeilen zu finden sein. Übrigens, das Wort Zitat entspringt dem lateinischen Wort citare, was so viel heißt wie „herbeirufen". Und vielleicht ist es das, was Sie mit den Zitaten auch tun können und sie als einen Zuruf verstehen. Wir alle sind auf einer Reise. Und auch wenn manche Menschen uns bereits vorausgeeilt sind, dürfen wir auf ihr Rufen hören, um die Richtung auszuspähen, um selber eines Tages an diesen Ort zu gelangen, an dem sie das Leben leben. Ich möchte Ihnen mit diesem Buch nicht in erster Linie neue Informationen anbieten, sondern Sie stattdessen in neue Erfahrungen führen. Denn um das Erfahren und Einfühlen geht es im Film wie auch im wirklichen Leben! Wenn Sie kein geübter Leser sind, dann wird es Ihnen sicher helfen, dass ich immer von Filmen ausgehe. Aber auch wenn Sie häufig Bücher zur Hand nehmen, wird Ihnen dieser Ansatz ein Gewinn sein, denn auch Sie sind so geschaffen, dass jedem Wort in Ihnen ein Bild vorausgehen muss. Falls Sie den einen oder anderen Film, über den ich spreche, noch nicht gesehen haben, verbinden Sie doch die Kapitel mit einem gemütlichen DVD-Abend und behalten Sie das Gefühl, welches der Film bei Ihnen ausgelöst hat in Ihrem Gedächtnis. Natürlich ist das, was ich über die Filme vermittle, nicht gleichzeitig die Aussage, die die Macher des Films im Sinn hatten. Aber die Filme erzählen eine Geschichte über das Leben und somit auch über uns. Schauen Sie daher, mit welcher Person Sie sich identifizieren können und wo Sie sich in der Geschichte wiederfinden.

Zuletzt möchte ich noch ein Geheimnis mit Ihnen teilen: Immer wieder werde ich mit Erstaunen gefragt, was mich in den Beruf des Pastors geführt hat. Meine Antwort setzt sich aus immer denselben schlichten vier Worten zusammen: „Mir ist Gott begegnet!" Weil ich das wirklich ernst meine, geht es in diesem Buch auch um Gott, von dem ich glaube, dass Er auf Ihrer Reise zum Leben den entscheidenden Unterschied machen kann. Deswegen habe ich in jedem Kapitel auch einen kleinen Bibelvers eingefügt und teile ein paar Gedanken dazu mit, die mir wichtig erscheinen. Nun wünsche ich Ihnen viel Spaß beim Lesen und dass Sie auf Ihrer persönlichen Reise zum Leben weit vorankommen!

EINLEITUNG

„In einem lebendigen Menschen verherrlicht sich Gott."
Irenäus von Lyon

Eigentlich hatte ich einen ganz normalen Dezemberabend geplant, der mir ein wenig Entspannung bringen sollte, denn die Trägheit der kalten Tage und dunklen Nächte weckten nicht gerade das in mir, was man wohl als ein Glücksgefühl bezeichnen würde. Wie jedes Jahr hatte ich die Weihnachtsgeschenke noch nicht beisammen und mein Job verlangte auch gerade eine Menge von mir. Eigentlich fühlte ich mich leer und so kam die Einladung auf einen entspannten Abend gerade recht. Denn auch in den Herausforderungen des Alltags braucht es Stunden der Zerstreuung, Momente, in denen die Seele einfach baumeln darf, bevor es in die nächste Schlacht geht. Meine Freunde luden mich ein, mich zusammen mit ihnen im Kino von einer guten Geschichte berieseln zu lassen und zu entspannen. Es sollte einfach ein seichter Abend werden. Ich konnte ja nicht ahnen, was mich dort erwarten sollte, denn der Abend fegte wie ein Orkan über mich hinweg. Was war passiert? Nun, mit Popcorn und Cola bewaffnet suchte ich hastig nach meinem Sitzplatz und freute mich sehr darauf, dem Gesetz der Schwerkraft nachzugeben und mich in den Sessel fallen zu lassen. Das Kino war auffällig voll, die Werbung war nicht gerade atemberaubend und hätte durchaus gekürzt werden können. Als der Film begann, war mir wieder einmal klar, dass ich das Buch, auf dem der Film basierte, nie gelesen hatte. Doch nach wenigen Minuten sollte das alles unwesentlich werden. Wie magisch wurde ich von dem, was auf der Leinwand passierte, angezogen. Mein Herz schlug schneller und Emotionen durchzogen mich von den Haarspitzen abwärts. Kurz, der Film zog mich unwiderstehlich in seinen Bann, er sprach regelrecht zu mir und küsste meine Seele mitsamt ihrer Leidenschaften wach. Tief berührt verließ ich den Kinopalast wie einen Tempel in den Bergen Tibets mit dem Gefühl, als ob das Leben in seiner ganzen Fülle nach mir gerufen hätte.

Welcher Film es gewesen ist? An dem besagten Abend war es einer der Filme, über die ich mit Ihnen reden werde, und doch hätte es jeder beliebige sein können.

Die Kinosäle sind für mich heutzutage oft wie Kathedralen und Kirchen, vielleicht sogar mehr als diese, ein Ort unserer Inspiration, an dem wir Spiritualität und Lebensveränderung suchen. Ein Platz, an dem wir dem Leben und auch Gott begegnen können.

Lassen Sie also auch die Filme durch dieses Buch zu Ihnen sprechen. Denn das Leben ruft nach Ihnen!

Soli Deo Gloria!

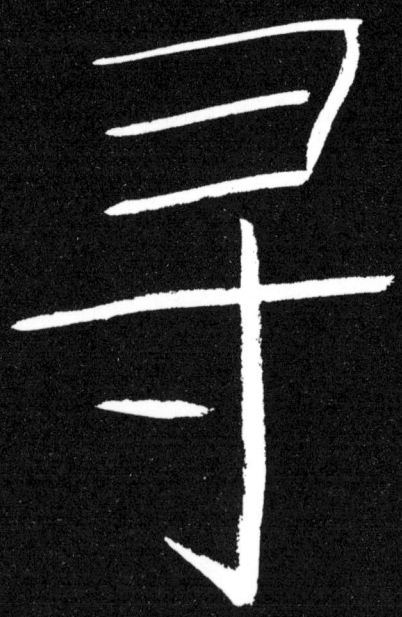

Suche

KAPITEL 1

Finden – Wozu bin ich da?

„And I still havent't found what I'm looking for."
(Noch habe ich nicht gefunden, wonach ich suche.)
Bono, Leadsänger von U2

Sind Sie lebendig? Nicht, dass Sie mich falsch verstehen, ich frage nicht, ob Sie körperlich am Leben sind, sondern ob Sie in der Tiefe Ihrer Seele wissen, wozu Sie sich auf dieser Welt befinden. Wissen Sie es und sind Sie dabei es zu leben oder werden Sie einfach nur gelebt?

Im Herzen des Menschen liegt ein tiefes Geheimnis: Es ist die Sehnsucht nach Leben. Wir nehmen selten Notiz davon und können diese geheimnisvolle Sehnsucht nur schwer in Worte fassen, dennoch begleitet sie uns alle Tage und lässt uns nach einem Leben suchen, wie es eigentlich gedacht war. Vielleicht ist uns diese Suche nach Leben nicht immer bewusst, vielleicht haben wir das Gefühl schon lange nicht mehr zugelassen oder haben die Suche sogar vollends eingestellt. Aber hin und wieder, manchmal während eines Films, kehrt sie zurück, diese Sehnsucht nach einem Leben, das wirklich seinen Namen verdient.

Es ist schon nicht so einfach, dem Leben auf die Spur zu kommen, aber wir sollten niemals aufgeben, danach zu suchen, denn die Suche zu beenden wäre eine ebenso große Tragödie, als wenn wir unser Herz am Wegrand zurückließen. Das darf einfach nicht geschehen.

Die Suche nach Leben startet gewöhnlich damit, dass wir uns die Frage danach stellen, wer wir sind und wozu wir uns auf dieser Welt befinden. Es ist die Frage nach unserer Bestimmung, nach unserer Herkunft und unserem Ziel. Wir ahnen, dass etwas Besonderes auf uns wartet, und spüren zugleich, dass es nicht wie ein Schicksal automatisch zu uns kommt, sondern freiwilliger Schritte unserseits in die richtige Richtung bedarf.

Denken wir einmal an die Momente in unserem Leben, in denen wir uns wünschten, wir könnten die Zeit anhalten. Momente der Ausgeglichenheit, der Liebe, des Erfolges, in denen etwas in uns sagte: „Endlich, das ist es. Dafür bin ich erschaffen!" Wie wäre es, wenn dieses Gefühl am Ende Ihrer Tage über Ihrem Leben stehen könnte?

Das Leben ist nicht dafür da, dass Sie passiv in den Morgen gehen. Es gibt eine Zukunft, die darauf wartet, von Ihnen eingenommen zu werden, denn Gott hat sich etwas für Sie ausgedacht hat, das so auf Sie zugeschnitten ist, dass er selbst es nicht ohne Sie tun wird.

Zugegeben, es ist nicht immer leicht, das zu glauben und daran festzuhalten. Es besteht sogar die Gefahr, dass wir nie von diesem Gedanken beseelt werden. Aber dann gibt es immer wieder diese Momente, in denen wir spüren, dass es stimmen könnte und dass das Leben jeden von uns zu etwas Besonderem einlädt.

DER CLUB DER TOTEN DICHTER
Die Kraft der Einzigartigkeit

„Im Wald zwei Wege boten sich mir dar, und ich nahm den, der weniger betreten war. Und das veränderte mein Leben."
Mr. Keating in „Club der toten Dichter"

Der Film „Club der toten Dichter" erzählt die Geschichte von jungen Elitestudenten, die herausgefordert werden, ihre Einzigartigkeit zu erkennen und das Mark des Lebens aufzusaugen, um jeden Tag ihres Lebens zu nutzen. An der Welton Academy sind die Fronten zunächst ziemlich geklärt: Die Lehrer unterrichten streng nach traditioneller Vorlage und die Schüler reicher Eltern lernen brav das, was nötig ist, um später einmal ein exzellenter Arzt oder Anwalt zu werden. Zu diesen Schülern gehört auch Neil. Doch die Dinge ändern sich, als eines Tages Mr. Keating als Lehrer seinen Dienst antritt. Er hält nichts von sturem Auswendigpauken und braven Jasagern, die ihm in der Klasse gegenüber sitzen. Energisch, aber auch mit viel Witz und Charme ermutigt er die Jungen dazu, frei zu denken, ihre Zeit zu nutzen und herauszufinden, was und wer sie eigentlich sind, statt ihr Leben damit zu vergeuden, nur die Erwartungen anderer zu erfüllen. Vor allem Neil und seine Freunde nutzen diese Chance und durchbrechen die alten Schranken, weg von viel zu engstirnigen Einstellungen, duckmäuserischem Mitläufertum und vorgefertigten Lebenswegen. Sie entdecken ihre wahren Leidenschaften, Talente und Fantasien und begeben sich auf die Suche nach neuen Perspektiven für ihr Leben. Neil kommt an den Punkt, an dem er erkennt, dass es die Schauspielerei ist, die sein Leben lebendig macht. Er geht darin auf und bekommt sogar die Hauptrolle eines lokalen Theaterstücks, den Puck in Shakespeares „Ein Sommernachtstraum". Alles scheint wunderbar für ihn zu laufen. Bis sein karriereorientierter Vater davon Wind bekommt und ihm streng verbietet, je wieder eine Bühne zu betreten, und ihn von der Schule nimmt, um ihn auf eine Militärakademie zu schicken. Seiner Träume beraubt, erschießt sich Neil in seinem Elternhaus. Mr. Keating wird dafür verantwortlich gemacht und der Schule verwiesen. Seine Schüler hingegen sprechen ihm ihren Dank aus, indem sie sich vor den Augen des Direktors auf ihre Schultische stellen und Mr. Keating ihren Captain nennen. Etwas Unaufhaltsames ist passiert, das das Leben der Schüler für immer verändert hat.

Ich mag diesen Film, denn er beschreibt auf eine geniale Art die Kraft der Einzigartigkeit.

Denn Sie sind ohne Frage etwas Einzigartiges mit Ihrer Kombination aus körperlichen, sozialen und intellektuellen Fähigkeiten. Niemand auf dieser ganzen Welt ist wie Sie und kein anderer Mensch kann das tun, wozu Sie im Stande sind. Wenn es Ihnen gelingt zu erspüren, was das ist, das Sie einzigartig macht, und wie Sie es ausleben können, werden Sie nicht nur selbst glücklicher, sondern werden auch noch befähigt, die Welt um Sie herum zu beschenken! Ist das nicht eine wunderbare Vorstellung?

Alles beginnt damit, dass Sie glauben, dass Sie keine Kopie, sondern ein Original sind!

> *„Jeder Mensch wird als Original geboren, aber die meisten sterben als Kopie."*
> Kaspar Schmidt

Wie kann es eigentlich passieren, dass wir als ein Original auf die Welt kommen und als eine Kopie, ein Klon enden? Welche Kräfte gibt es um uns herum, die uns den Glauben an uns selbst und unsere Möglichkeiten rauben?

Ich denke, jeder von uns ist umgeben von etwas, das wie die „Welton Academy" des Films versucht uns in ein System zu pressen. Es ist wie eine diabolische Kraft, die es auf unsere Seele abgesehen hat und uns bis zu unserem Tode verfolgt.

Kennen Sie diese innere Stimme, die zu Ihnen etwas sagt wie:

„Ich bin nichts Besonderes!"
„Ich werde es nicht weit bringen!"
„Ich bin nicht so gut wie die anderen!"
„Ich will bloß nicht auffallen!"
„Ich hatte es schon immer schwer!"

Ich kenne diese Stimme gut: Ich hatte lange Zeit ein großes Problem damit, an mich zu glauben. Ich war nie Klassensprecher, Mannschaftskapitän oder Anführer einer Clique. Ich habe einfach nichts getan, was mich aus der Masse hervorheben würde. Und selbst wenn mir etwas Besonderes gelang, fiel es mir unheimlich schwer, Komplimente anzunehmen. Viele Jahre konnte ich weder an mich noch meine Begabungen glauben und war so ständig auf der Suche nach Bestätigung, Komplimenten und Anerkennung. Ich sah mich als eine Randfigur und so lief ich auch durchs Leben.

Von Zwergen und Riesen

Wie unser Leben verläuft, hat unglaublich viel damit zu tun, wie wir uns selbst sehen und über uns denken! In der griechischen Mythologie gibt es die Geschichte von Pygmalion, dem einsamen Bildhauer von Zypern. Eines Tages schnitzt Pygmalion eine lebensgroße Figur aus Elfenbein, eine Frau, der er den Namen Galatea gibt. Viele Stunden arbeitet er an ihr und verfeinert ihr Antlitz, ihre

Kurven und Proportionen, so dass sie schließlich einer wunderschönen Frau gleicht. Sie gelingt ihm sogar so gut, dass er in ihr am Ende einen Menschen sieht und sich in sie verliebt. Voller Verzweiflung betet Pygmalion zu der Göttin Aphrodite, sie möge Galatea zum Leben erwecken. Es kommt wie es in solchen Geschichten kommen muss: Als Pygmalion am nächsten Tag wie üblich Galatea liebkost, erwacht sie tatsächlich zum Leben und wird ein Mensch. Was für ein Hallo! Ein bisschen Smalltalk hier, ein paar Komplimente dort, erste Annäherungsversuche und schon bald sind die beiden ein Paar und heiraten. Galatea wurde, was Pygmalion in ihr sah. Diese griechische Geschichte ist Namensgeber für einen Effekt der sogenannten selbsterfüllenden Prophezeiungen. Haben Sie schon mal davon gehört? Auch wenn Ihnen der Name nicht geläufig sein sollte, kennen Sie sicherlich das Phänomen, dass vieles in unserem Leben nur dann geschehen wird, wenn wir daran glauben und uns dementsprechend verhalten (leider trifft das Gegenteil auch zu).

Lassen Sie mich das an einem Beispiel erklären: 1968 führten die amerikanischen Psychologen Robert Rosenthal und Lenore Jacobson folgendes Experiment an Schulen durch: Sie teilten einigen Lehrern mit, dass sie aufgrund bisheriger, guter Leistungen im kommenden Schuljahr eine Klasse übernehmen dürften, die sich aus den intelligentesten und besten Schülern zusammensetzte. Auch die Schüler wurden mit der Begründung ausgewählt. Nun, nach Ablauf des Schuljahres war diese Klasse tatsächlich deutlich besser als alle anderen. Das wirklich

Bemerkenswerte an diesem Experiment ist jedoch: Die Psychologen hatten gelogen. Die Klassen setzten sich überhaupt nicht aus den Besten zusammen, sondern bestanden aus einer reinen Zufallsauswahl. Weil aber Schüler und Lehrer daran glaubten, dass die Klasse aus Lern-Riesen bestand und sie damit etwas Besonderes wären, stieg die Leistungskurve steil an. Ist es nicht bemerkenswert, wie viel von dem, was uns widerfährt, damit zu tun hat, wie wir uns selber sehen? Wie ist es mit Ihnen? Sehen Sie sich als Riese oder als Zwerg durch Ihr Leben gehen?

Selbstannahme ist erlernbar

Wenn wir es lernen, unsere Einzigartigkeit zu bewundern und uns selber anzunehmen, werden wir als Riesen durch das Leben gehen können. Aber als ob das immer so einfach wäre, sich selbst anzunehmen, denn schließlich bekommt man weder im Kindergarten noch in der Schule eine Anleitung dafür. Vielleicht haben sogar unsere eigenen Eltern uns nicht vermitteln können, dass wir diese Welt wunderbar bereichern. Die gute Nachricht ist: Sie haben es selbst in der Hand! Trainieren Sie Ihre Selbstannahme, indem Sie sich folgende Aussagen immer wieder zusprechen und immer mehr von Herzen annehmen:

Ich bin einmalig! Mein Körper ist ein Wunderwerk, egal ob ich dick oder dünn, schlaksig, zierlich, groß oder klein, mit oder ohne Schönheitsfehler bin. Milliarden von Zellen vernetzten sich, damit ich auf meine einmalige Weise leben, atmen, handeln, lieben, lachen, weinen, sprechen oder einfach nur da sein kann.

Ich bin gewollt! Vielleicht haben meine Eltern mich nicht geplant oder gehofft, dass ich anders wäre, als ich bin. Doch dass es mich gibt, ist kein Zufall, denn der Schöpfer des Universums und das Leben selbst haben mich gewollt – und das so wie ich bin. Nehmen Sie sich ein Foto Ihrer Eltern und lassen Sie es auf sich wirken, bis sie sagen können: „Ja, das sind meine Eltern. Ich nehme sie als Eltern an." Dann schauen Sie auf ein Bild von sich selbst und sagen: „Ich bin gewollt und ich bin gut! Ich finde mich gut, so wie ich bin."

Ich bin beschenkt! Meine Persönlichkeit enthält den einzigartigen Mix aus Begabungen und Leidenschaften, aus Aufgaben und Begrenzungen, Macken und bezaubernden Seiten. Alles sind Geschenke des Lebens an mich. Sie befähigen mich, bestimmte Dinge leicht zu tun und enthalten in gleicher Weise einmalige Chancen, zu wachsen, zu reifen und mich auf die eigenen Stärken zu konzentrieren.

Wenn wir es lernen, uns anzunehmen, geschieht die gleiche transformierende Veränderung, die Neil in „Club der toten Dichter" erlebt. Wir werden frei davon, uns mit anderen vergleichen zu müssen, und wenn wir uns schon vergleichen wollen, dann bestenfalls mit uns selbst und wie wir innerhalb unserer Möglichkeiten und Grenzen wachsen konnten. Können Sie folgende Satz für sich sagen? „Ja, das sind meine Grenzen, das bin ich. Manche Grenzen in meinem Leben kann ich verändern, viele nicht. Aber ich sage ‚Ja' dazu."

Um meine Selbstannahme zu trainieren, hatte ich mir eine Zeit lang angewöhnt, mir selber ins Gesicht zu sagen, wie genial ich mich finde. Also habe ich mich vor den Spiegel gestellt, mir tief in die Augen geschaut und mir in mein eigenes Angesicht Ermutigung und Lob zugesprochen, mir gesagt, wie dankbar ich über mich bin. Und um ehrlich zu sein, hatte ich mich viele Male noch nicht einmal rasiert und gekämmt. Ich wollte mich einfach jenseits meiner Schokoladenseite lieben lernen. Es war ungewohnt und gleichzeitig befreiend. Ich spürte richtig, wie es den Glauben an mich gestärkt und auch den Humor über meine kleinen und großen Schwächen kultiviert hat.

Sich selber anzunehmen erfordert Demut

Wenn Ihnen das alles zu stolz vorkommt, lassen Sie mich noch erwähnen, dass Selbstannahme eine zutiefst demütige Handlung ist. Jesus Christus, die Demut in Person, hat uns zur Selbstliebe aufgefordert und sie mit der Liebe zu Gott und zu unseren Mitmenschen als das höchste Gebot beschrieben. Denn wenn wir es nicht lernen, uns selber zu lieben, dann werden wir das auch mit anderen

Menschen nicht tun können. Uns selbst zu lieben bedeutet, dass wir aus unseren Rollen ausbrechen und unsere Masken fallen lassen können, um von ganzen Herzen sein zu können, wer wir sind.

Gott hat Ihnen das Leben eingehaucht, und was für eines! Wenn Gott im Himmel eine Collage mit den Portraits aller Menschen hätte, dann würde Er vor Ihrem Bild sicher genauso staunend und mit großen Augen stehen, wie wir es gewöhnlich vor Leonardo da Vincis Mona Lisa im Louvre tun. Gott ist unheimlich stolz auf Sie und bewundert das, was in Ihnen steckt. Selbst wenn niemand Sie wertschätzt, Gott glaubt an Sie! Sprechen Sie sich immer wieder den folgenden Vers aus der Bibel zu und verinnerlichen Sie ihn, denn er gilt Ihnen!

„Herr, ich danke dir dafür, dass du mich so wunderbar und einzigartig gemacht hast! Großartig ist alles, was du geschaffen hast – das erkenne ich!"
Psalm 139, 14; Hoffnung für alle (Bibel)

Wenn Sie diesen Vers der Bibel glauben können und sich dessen immer wieder vergewissern, dann haben Sie schon einen entscheidenden Schritt getan, aus einem viel zu klein gefassten Bild über Sie selbst herauszutreten.

Was können Sie tun, um den Glauben an Ihre Einzigartigkeit wachsen zu lassen und in Ihr Leben zu integrieren?

DER WEG

Schritt 1: Gönnen Sie sich etwas!
Zeigen Sie sich selber, dass Sie sich als wertvoll empfinden und gönnen Sie sich etwas. Es ist keine Faulheit, sondern eine wichtige Wertschätzung. Nehmen Sie sich Zeit für das, was Ihnen Spaß macht, einfach, weil Sie es sich wert sind.

Schritt 2: Achten Sie auf Ihre Gedanken!
Lösen Sie sich von den negativen Gedanken über Ihr Leben und ersetzen Sie diese durch positive und ermutigende. Lassen Sie so aus einem „Ich glaube es wird nicht klappen" ein „Ich werde das Beste geben und es wird genug sein" werden.

Schritt 3: Lassen Sie den Riesen in Ihnen wachsen!
Gewinnen Sie eine positive Einstellung zu Ihren Fähigkeiten und akzeptieren Sie Ihre Begrenzungen, dann wird der Riese in Ihnen wachsen. Glauben Sie an sich und umgeben Sie sich mit Menschen, die ebenfalls an Sie glauben. Wachsen Sie zu einem Riesen, indem Sie sich immer wieder vor Augen halten, dass Gott Sie unendlich liebt!

REFLEXION

1. Stellen Sie sich vor, Sie träumen eines Nachts davon, dass Sie auf sich selber neidisch sind. Wie wäre so ein Traum und welche Fähigkeiten und Erfahrungen würden Sie an sich bewundern?

2. Wie können Sie die Menschen um Sie herum nicht als Konkurrenten, sondern als Ergänzung sehen?

3. Inwieweit könnte Ihnen der Glaube an Gott helfen, das Vertrauen daran zu stärken, dass Sie ein besonderer und einzigartiger Mensch sind?

PATCH ADAMS
Die Kraft des Lebenstraumes

„Zu Hause. Das Lexikon beschreibt es als Ort unserer Herkunft und unserer Bestimmung. Alle rastlosen Herzen auf dieser Welt versuchen, einen Weg nach Hause zu finden."
Patch in „Patch Adams"

Der Film „Patch Adams" erzählt die wahre Geschichte von Patch, der sich freiwillig in eine psychiatrische Anstalt einweisen lässt. Er ist am Ende und hinterfragt nicht nur sein Leben, sondern auch dessen Sinn. Etwas Eigenartiges geschieht, denn eigentlich ist er dort, um sich helfen zu lassen, und plötzlich wird er selbst zum Helfenden. Einerseits beginnt er, die Probleme der Patienten zu verstehen, und andererseits ist er entsetzt über die Gleichgültigkeit und Unfähigkeit der Ärzte. So beschließt Patch, die Klinik zu verlassen und trotz seines fortgeschrittenen Alters selbst noch einmal Medizin zu studieren. Dort eckt er nicht nur wegen seiner bunten Hawaii-Hemden, sondern auch wegen seiner unkonventionellen Ideen an. Für Patch steht im Gegensatz zur herkömmlichen Schulmedizin immer der Mensch im Mittelpunkt und so bringt er krebskranke Kinder mit roter Clownsnase zum Lachen und schafft es auf seine ganz besondere Art, selbst todgeweihten Patienten neuen Lebensmut einzuhauchen. Eines Abends in einem Café fängt Patch an, von einem Krankenhaus zu träumen, in dem es wirklich um den Menschen geht, jeder zugleich Patient und Arzt ist, etwas nimmt und gibt. Ein Krankenhaus, welches neben medizinischer Pflege von Herzlichkeit, Zuhören und Menschlichkeit geprägt ist. Er gewinnt Verbündete und so beginnt er noch während seines Studiums, seinen Traum zu verwirklichen.

In welchen Träumen würden Sie sich zu Hause fühlen? Wie würden Sie sich Ihr Leben in den nächsten Jahren vorstellen, wenn Sie es sich erträumen könnten?

Wenn wir in die Geschichte schauen, entdecken wir, dass immer, wenn Menschen etwas Großes erreicht haben, dem ein Traum vorausging. Jemand, der das wohl wie kaum ein anderer verkörpert hat, ist Walt Disney.

„Alle unsere Träume werden wahr, wenn wir den Mut haben, ihnen zu folgen"
Walt Disney

Von Walter Elias Disney wird gesagt, dass er schon früh anfing, sich über seinen Lebenstraum Gedanken zu machen. So hatte er schon seine Schulbücher mit kleinen Mäusefiguren verziert und davon geträumt, diese eines

Tages einem Millionenpublikum im Kino zu präsentieren. Natürlich wurde diesem Traum oft mit Kopfschütteln und Unverständnis begegnet, denn so etwas hatte es bis dahin noch nicht gegeben. Disney war aber nicht von dieser Vorstellung abzubringen und begann nach seiner Ausbildung ernsthaft, seinen Traum zu verwirklichen. Um überhaupt eine Finanzierung zu bekommen, rannte er sich in wirtschaftlich schwierigen Zeiten bei 300 Banken die Schuhe platt. Was ihm am Ende gelang, war nicht nur bewegte Mäusebilder ins Kino zu bringen, sondern die unglaubliche Erfolgsgeschichte von Filmen und Themenparks zu beginnen, die Millionen von Menschen bis heute inspiriert hat.

Zum Träumen geboren

Wenn Walt nicht seinen Lebenstraum gekannt und diesen mit aller Entschlossenheit verfolgt hätte, wäre der Welt viel entgangen. Das gleiche wird passieren, wenn wir unseren Träumen nicht auf die Spur kommen und diese so gut es geht verwirklichen. Ich sage bewusst, so gut es geht, denn selbst wenn wir die Träume nicht vollkommen erreichen, werden diese sicher eine Menge bewirken, zumindest mehr, als wenn wir es gar nicht erst versucht hätten. Denn selbst wenn wir auf den Mond zielen und ihn verfehlen, werden wir zumindest auf einem Stern landen können.

Wann haben wir das letzte Mal über unser Leben geträumt? Vielleicht wagen wir es nicht, uns vorzustellen, dass wir wie Patch Adams oder Walt Disney träumen könnten. Vielleicht meinen wir sogar, diese Fähigkeit gar nicht zu besitzen. Aber dem ist nicht so. Die Fähigkeit zu träumen wurde uns wie jedem anderen in die Wiege gelegt. Können Sie sich noch daran erinnern, wie Sie es als Kind spielend gemeistert haben, an das Unglaubliche zu denken und das Unvorstellbare zu erwarten? Sie müssen es nicht erst lernen, denn diese Fähigkeit schlummert schon lange in Ihnen, um genau zu sein, seit Ihrer Kindheit.

Machen Sie doch einmal ein Experiment. Fragen Sie ein paar Kinder, was sie einmal werden wollen, und ich gebe Ihnen einen Tipp, schnallen Sie sich vorher an. Der Vorstellungskraft der Kinder sind in diesem Moment keine Grenzen gesetzt und nicht selten ist da die Rede von Popstars, Astronauten, Erfindern, Millionären und Rennfahrern. Denken Sie doch mal einen Moment darüber nach, was Sie sich nicht alles als Kind erträumt hatten. War es nicht eine wunderbare Zeit, in der es in Ihrem Vokabular kein „unmöglich" gab? Irgendwann kam dann aber etwas in Ihr Leben, was ich gerne als „Elefantentrainer" beschreibe. Vielleicht war es anfangs nur ein: „Schreibe immer innerhalb der Linien. Lerne bodenständig zu sein. Du musst den Himmel blau malen, niemals lila oder grün." Und irgendwann fiel es Ihnen auf einmal schwer zu träumen.

Die Elefantentrainer identifizieren

Kennen Sie eigentlich die Geschichte, die sich hinter den Elefantentrainern verbirgt?

Zirkuselefanten sind ja die wirklichen Riesen der Manege, die problemlos Zentnerlasten werfen und balancieren. Wenn man sich diese gewaltige Kraft der Elefanten vor Augen führt, dann scheint es fast wie eine Beleidigung, dass sie außerhalb der Vorstellungen nur durch ein Seil an einem kleinen Holzpflock gehalten werden. Fragen wir uns nicht auch, warum sich der Elefant, der eben in der Vorstellung seine atemberaubende Kraft zur Schau gestellt hat, danach von so einem lächerlichen Seil daran hindern lässt, in die Freiheit und das Land seiner Träume zu rennen? Der Schuldige ist der besagte Elefantentrainer. Man sagt, dass, als der Elefant noch klein war, ihn sein Trainer anfangs mit einer großen Eisenkette an einem tief in der Erde verankerten Eisenstab angebunden hatte. Es war für ihn wirklich unmöglich, sich in dieser Zeit von der Kette zu lösen, und so oft der Elefant es versuchte, es war einfach immer vergeblich. Nach und nach brach der Widerstand des kleinen Elefanten und über die Jahre hörte er allmählich ganz auf, sich von der Eisenkette befreien zu wollen. Als er schließlich ausgewachsen war und die Kraft besaß, sich von seiner Kette zu lösen oder aus dem Zirkuszelt auszubrechen, hatte er vergessen, dass er für etwas Größeres bestimmt war als für die kleine Welt des Zirkus. Der Elefant hatte wohl aufgehört, von der Wildnis und der grenzenlosen Freiheit zu träumen.

Vielleicht haben wir auch so einen Elefantentrainer in unserer Biographie. Etwas das oder jemand der uns verlernen ließ zu träumen. Aber wir können uns trösten, denn es ist nie zu spät, wieder mit dem Träumen zu beginnen!

> *„Ein Mann ist so lange nicht alt, wie das Bedauern nicht an die Stelle der Träume tritt. "*
> John Barrymore

Mit offenen Augen träumen

Ich war selbst nie jemand, der es verstand, sein Leben zu erträumen. Bis zu diesem Abend, an dem ich als Jugendlicher auf einem Kongress mit mehreren tausend Besuchern teilnahm. Das Thema der Veranstaltung war „Dare to dream" (Wage es zu träumen). Eines Abends betrat ein älterer Mann die Bühne, um zu uns über Lebensträume zu sprechen. Während seiner Rede warf er einen großen Plastikglobus in die Menschenmenge und zeigte immer wieder auf seine Jacke, auf die er eine Weltkarte hatte drucken lassen. Sein Traum, von dem er uns erzählte, war nämlich weltumspannend, und das vermittelte er uns mit kindlicher Begeisterung. Dieser Mann hatte so viel Gutes in seinem Leben erreicht und alles nur, weil er mit Herz, Verstand und Glauben einen unmöglichen Traum verfolgte. Wir hingen an seinen Lippen und am Ende seines Vortrags hatte er uns in der Hand. Als er fragte, wer es wagen wolle, sich ebenfalls auf die Suche nach seinem Lebenstraum zu begeben, flog meine Hand hoch in die

Luft. Ich weiß noch genau, wie ich an diesem besagten Abend lange nicht einschlafen konnte und hellwach in meinem Bett lag, um mit offenen Augen zu träumen.

Lebensträume erleben wir nicht, wenn wir schlafen. Ganz im Gegenteil: Sie kommen dann zu uns, wenn wir hellwach sind. Es sind die Momente, in denen wir eine Not sehen und diese unbedingt lindern wollen; einen Plan schmieden; von einer besseren Zukunft träumen; uns Gedanken machen über eine Gruppe von Gleichgesinnten.

Was würden Sie gern tun, wenn es das Wort „unmöglich" nicht in Ihrem Vokabular gäbe und wenn Sie alles Benötigte hätten und wüssten, dass Sie nicht versagen werden?

Wagen Sie es zu träumen, denn die Fähigkeit zu träumen macht uns von einem Konsumenten zu einem Schöpfer! Ein Konsument verbringt viel Zeit damit, Dinge zu nutzen, also zu konsumieren: Fernsehen, Zeitung, Internet, Computerspiele, Shoppen. Ein Konsument arbeitet, damit er sich mit Unterhaltung und Ablenkung belohnen kann. Es ist keine Frage, wir alle brauchen Ablenkung, Unterhaltung und Belohnung. Aber das ist nicht alles, was auf uns wartet. Menschen, die von einem Lebenstraum getrieben werden, sind Schöpfer. Sie beginnen ihr Leben als etwas zu sehen, das die Welt bereichern soll.

Mein Bruder Andi

Ich möchte Ihnen von meinem Bruder Andi erzählen. Andi wurde auch einmal von einem Traum infiziert. Zugegeben, es war noch nicht so eine Art Traum wie Patch ihn hatte, aber dafür war Andi wohl auch noch etwas zu jung. Es muss so um seinen sechsten Geburtstag gewesen sein, als er eine Spielekonsole bekam. Es war ein Plastiklenkrad auf der Nachbildung eines Porsche-Cockpits. Es müssen unzählige Stunden gewesen sein, in denen Andi vor dieser Konsole saß und unter dem animierten Sound eines Boxermotors Autorennen fuhr (und mich brüderlich warten lies). Die Konsole verschwand irgendwann im Keller und ist heute sicher schon in die ewigen Jagdgründe für Kinderspielzeuge eingegangen. Der tiefe Wunsch von Andi, eines Tages einen Porsche zu fahren, lebte aber weiter. Es hatte ein bisschen gedauert, aber vor ein paar Jahren war es schließlich so weit: Andi hatte seinen Porsche, und das Foto, auf dem wir beide vor seinem Schmuckstück posieren, steht heute auf meinem Schreibtisch. Ich mag das Foto. Nicht nur, weil es diesen herrlichen Wagen mit Andi und mir abbildet, sondern weil es mich an die Kraft von Träumen erinnert.

Wissen Sie eigentlich, dass das, was Sie von großen, bewundernswerten Menschen wie Martin Luther King, Albert Einstein, Mahatma Gandhi, Nelson Mandela, Mutter Theresa und Walt Disney unterscheidet, nicht deren besondere Begabungen sind, sondern deren Fähigkeit, sich gegen alle Elefantentrainer durchzusetzen und zu träumen?

„Wer Gott vertraut, dem ist alles möglich."
Markus 9, 23b (Bibel)

Gott hat jedem Menschen Kreativität, Phantasie und ein Verlangen gegeben, zu träumen und das Unmögliche zu erwarten. Nicht nur zu unserem Wohl, sondern um den Himmel ein Stück weit auf die Erde zu bringen. Um die Welt menschlicher, bunter, fröhlicher, liebevoller und, mit dem, was wir bekommen haben, reicher und vollständiger zu machen. Gott möchte uns helfen, gute Träume zu verwirklichen. Dennoch können wir alle unsere persönlichen Träume erreichen und nach menschlichen Maßstäben überaus erfolgreich sein und doch Gottes Sinn und Ziel für unser Leben verfehlen. Denn es geht in unserem Leben um viel mehr als um Selbsterfüllung und persönliche Zufriedenheit. Es geht auch um mehr als um unsere Familie und Karriere. Wenn Sie wirklich wissen wollen, warum Sie sich auf diesem Planeten befinden, dann dürfen Sie nicht bei sich anfangen, sondern müssen es bei Gott tun. In der Bibel steht: „Wer sein Leben um jeden Preis erhalten will, der wird es verlieren, wer sein Leben aber für Gott einsetzt, der wird es für immer gewinnen." Wenn Sie anfangen, Gott nach seinem Traum für Ihr Leben zu fragen, dann kommen Sie dem wirklichen Leben auf die Spur. Gott hat einen Traum für Ihr Leben, entdecken und leben Sie ihn.

DER WEG

Schritt 1: **Finden Sie Ihren Traum!**
Kommen Sie Ihrem Traum auf die Spur, indem Sie sich folgende Frage stellen: „Was würde ich tun, wenn ich alle nötigen Fähigkeiten, Finanzen und Ressourcen dafür hätte und wüsste, dass ich nicht scheitern werde?"

Schritt 2: **Setzen Sie Ihren Traum in Bewegung!**
Auch wenn Ihr Traum groß genug sein muss, damit er Ihr Herz bewegen kann, was wäre der nächste Schritt, um der Verwirklichung näher zu kommen?

Schritt 3: **Teilen Sie Ihren Traum mit!**
Teilen Sie Ihren Traum ausgewählten Personen mit, denn er kann sowohl Menschen inspirieren als Sie auch zu den Personen führen, die Ihnen bei der Umsetzung helfen werden.

REFLEXION

1. Was denken Sie über Ihre natürliche Fähigkeit zu träumen?

2. Sind Ihnen die Elefantentrainer Ihrer Vergangenheit bekannt und wie könnten Sie sich vor ihnen schützen?

3. Könnten Sie sich vorstellen, einer Gemeinschaft von Menschen anzugehören, in deren Gegenwart Ihre Träume gewürdigt, unterstützt und vielleicht sogar der Glaube an Gott dabei eine Rolle spielen darf?

WENN TRÄUME FLIEGEN LERNEN

Die Kraft der Gedanken

„Peter: ‚Ist doch lächerlich, ist doch nur ein Hund!'
James: ‚Nur ein Hund? Hör nicht auf ihn, Portos!
Portos träumt davon ein Bär zu sein und du nimmst
ihm seine Illusion und sagst, er ist nur ein Hund?!
Mit so einem Wort stiehlt man anderen den Mut!
Das ist wie: Er kann keine Berge besteigen, er ist nur
ein Mensch. Oder: Das ist kein Diamant, das ist nur
ein Stein. NUR.'"
James und Peter in „Wenn Träume fliegen lernen"

Der Film „Wenn Träume fliegen lernen" erzählt die Entstehung der berühmten Geschichte um Peter Pan. Wir schreiben den Anfang des 20. Jahrhunderts. Der Theaterautor James M. Barrie hat bisher nur einen mäßigen Erfolg mit seinen Theaterstücken. Eines Tages lernt er die junge Witwe Sylvia Davies und ihre vier Söhne kennen. Barrie freundet sich schnell mit den Kindern an und verbringt viel Zeit mit ihnen. Immer wieder denkt er sich mit ihnen Geschichten aus, in denen er Fantasiewelten um Cowboys, Indianer und Piraten erschafft. Besonders den jungen, verschlossenen Peter hat er in sein Herz geschlossen. Ihm schenkt James eines Tages ein leeres Buch, in das Peter seine eigenen Theaterinszenierungen hineinschreiben soll. James sieht in Peter die Zukunft eines Regisseurs. In der Welt der Kinder erfährt Barrie immer wieder neue Inspirationen, die er in Form von ungewöhnlichen Ideen an seine Schauspieler weitergibt. Sie sollen beispielsweise über die Bühne fliegen, mit Feen sprechen oder Tierkostüme tragen. Trotz anfänglicher Kritik seitens der Schauspieler und Produzenten wird das Stück „Peter Pan" ein voller Erfolg und verändert das Leben aller Beteiligten.

Wie leben Sie Ihr Heute? Können Sie die Vergangenheit loslassen und die Ungewissheit der Zukunft ertragen und dabei voller Hoffnung die Gegenwart als Geschenk betrachten? Der Film „Wenn Träume fliegen lernen" erzählt davon, welche großen Kräfte in unseren Gedanken liegen. Wenn es uns gelingt, hoffnungsvolle Gedanken zu prägen, dann können sich nicht nur „Hunde zu Bären" verwandeln, sondern kann auch „Verzagtheit zu Hoffnung" werden.

„Gestern ist Geschichte. Das Morgen ist ein Geheimnis. Das Heute ist ein Geschenk."
Unbekannter Autor

Bei den meisten von uns spielt Angst eine wesentliche Rolle. Unserer Gesellschaft scheint uns geradezu dazu einzuladen, uns ängstlich zu sorgen und uns dabei häufig wie gelähmt zu fühlen. Angstvolle Gedanken entstehen dabei immer auf zwei Arten. Erstens, indem wir auf die Fehler unserer Vergangenheit gucken, und zweitens dadurch, dass wir uns die Ungewissheit der Zukunft vor Augen führen. Mit anderen Worten: Wir verbringen zu viel Zeit damit, über unsere Schulter zurückzuschauen und etwas zu bereuen, das wir nicht mehr verändern können, oder wir schauen zu sehr in die Zukunft und fürchten die Ereignisse, von denen die meisten eh nicht eintreffen werden. Angstvolle Gedanken sind wie Projektionen in unserem Kopf und lähmen uns, mit Hoffnung und Lebensfreude unser Heute anzugehen.

Dabei entstehen erfolgreiche und glückliche Leben immer dann, wenn es uns gelingt, unser Leben mit Hoffnung Tag für Tag – im HEUTE – zu leben.

Angstvolle Gedanken sind tatsächliche eine größere Bedrohung auf unser Leben als wir meinen. Jeder Mensch entwickelt laufend in seinen Gedanken innere Bilder über das Leben. Wir sind uns dessen vielfach gar nicht bewusst, aber wer kennt sie nicht, die Sprüche wie „Ab dreißig geht's bergab", „Mit vierzig fangen die Wehwehchen an" oder „Ab fünfzig gehöre ich zum alten Eisen"? Wir stellen uns das so richtig vor, und wenn es auch nur spaßhaft gemeint war, glaubt ein Teil von uns daran und wartet entsprechend auf die ersten Zeichen, bis es plötzlich wahr wird, was wir uns „nur so" in Gedanken vorgestellt haben. Die Bilder, die wir uns in unseren Gedanken machen, sind deswegen so wichtig, weil sie eine direkte Verbindung zu unseren Nervenzellen haben. Wenn man sich vorstellt, wie man ein Gewicht stemmt, werden die gleichen Nervenzellen aktiviert, als würde man das tatsächlich tun. Das Gegenteil stimmt leider auch: Wenn wir uns in Gedanken vorstellen, warum Dinge nicht funktionieren und das Leben schwer wird, dann laufen wir nicht nur mit heruntergezogenen Mundwinkeln durch die Welt, sondern verspüren eine körperliche Müdigkeit, und auf einmal wird unser Leben das werden, was wir uns in unseren Gedanken ausgemalt haben.

Es ist nicht egal, was wir denken und uns vor unserem inneren Auge ausmalen, denn unser Leben ist das Produkt unserer Gedanken, denn alles in unserem Leben beginnt dort. Warum sollten wir uns diese Kraft nicht nutzbar machen? Lassen wir sie für uns und nicht gegen uns arbeiten!

Hoffnungsvolle Gedanken

Was könnte passieren, wenn wir uns hoffnungsvolle Gedanken machen? Ich möchte Sie bitten, dass Sie einmal das Buch zur Seite legen und für einen Moment die Augen schließen. Sorgen Sie dafür, dass Sie ungestört sind, legen Sie die Beine hoch und machen Sie es sich einfach richtig bequem. Suchen Sie sich eine Herausforderung, die Sie gerade beschäftigt, und dann stellen Sie sich vor, Sie lägen in 5 Jahren gerade an einem wunderschönen Strand, halten Ihr Lieblingsgetränk in der Hand, während Ihnen die Sonne wohlig auf das Gesicht scheint und eine frische Meeresbrise Ihnen um die Nase weht. Stellen Sie sich vor, während Sie dort liegen, blicken Sie zurück auf die letzten Jahre und bewundern die Erfolge, die Sie gefeiert haben. Sie sind am Ziel, haben Ihre Hindernisse und Zweifel überwunden und resümieren, wie Sie das geschafft haben. Wenn Sie bereit sind, dann starten Sie doch einmal.

Haben Sie die Motivation und Ermutigung von hoffnungsvollen Gedanken in Ihnen gespürt?

Haben Sie die Kraft davon gespürt, sich das Leben aus einer hoffnungsvollen Zukunft vorzustellen, die Kraft davon, sich im Stande zu sehen, die Herausforderung des Lebens Schritt für Schritt zu meistern?

Es liegt eine große Kraft darin, sich hoffnungsvolle Gedanken über die Zukunft zu machen und aus diesem Bewusstsein die Gegenwart zu leben!

> *„Die Kraft der Vorstellung beruht auf dem großen Prinzip, dass alles im Leben zweimal geschaffen wird. Alles entsteht das erste Mal in unseren Gedanken bis es dann als zweites sichtbar entsteht."*
> Norman Vincent Peale

Wenn wir uns etwas vorstellen können, dann können wir es auch tun. Ich möchte sogar noch einen Schritt weiter gehen: Oftmals werden wir in unser „verheißenes Land" nur dann kommen können, wenn wir uns durch die Kraft Vorstellung dieses immer und immer wieder vor Augen malen.

Der Film „Wenn Träume fliegen lernen" macht auf eindrucksvolle Weise klar, zu welchen unglaublichen (oder auch göttlichen) Leistungen unser Gehirn fähig ist: Unserer Vorstellungskraft sind keine Grenzen gesetzt.

Viktor Frankl

Eine der bemerkenswertesten Erfahrungen zur Kraft der Vorstellungen lieferte Viktor Frankl. Als weltbekannter Neurologe musste Viktor Frankl erleben, wie er nach Beendigung seines Studiums und einer kurzen Beratungstätigkeit 1942 von den Nazis erst in das Konzentrationslager Theresienstadt und dann nach Auschwitz deportiert wurde. Umgeben von Tod und menschenverachtenden Umständen brach die sichtbare und gegenwärtige Welt aller Inhaftierten förmlich zusammen, und viele verloren durch die körperlichen und seelischen Grausamkeiten ihr Leben. Viktor Frankl überlebte dadurch, dass er seiner schrecklichen Gegenwart Sinn gab, indem er sich in seinen Gedanken vorstellte, wozu er in der Zukunft das ganze Paket seiner Leiden verwenden könne. Etwa, welche Techniken er durch seine Zeit im Konzentrationslager für Lebenskrisen entwickeln könne, um Menschen in großer Not helfen zu können. Tatsächlich ist diese Zeit der Grundstein für Frankls weltbekannte Logotherapie geworden.

Was stellen Sie sich Positives für Ihre Ehe und Familie, Ihre Zukunft, Ihre Gesundheit, Ihre Weiterbildung, Ihre ehrenamtlichen Tätigkeiten und Ihren Glauben vor?

Ein Mensch, der sein Leben aus der Perspektive einer hoffnungsvollen Zukunft betrachtet, wird lebendiger werden, denn er ist ein Mensch, der die Möglichkeiten in jeder Situation sieht. Er ist voller Optimismus, Dankbarkeit und Glauben und weiß, dass sein Leben gelingen soll.

Ich kann mich noch gut an meine Großmutter erinnern. Eine großherzige und weise Frau. Wenn ich sie besuchte, war sie oft am Backen und scherzte mit mir, bevor wir die köstlichsten Kuchen aßen. Aber sie hatte noch eine viel größere Gabe: Sie verstand es hervorragend, Menschen wie mich zu ermutigen und mir eine großartige Zukunft vor Augen zu malen. Viele Male inspirierte sie mich, an eine wunderbare Zukunft zu glauben und mir diese bildlich vor Augen zu malen. Ich bin mir sicher, dass ich heute nicht da wäre, wo ich bin, hätten Menschen wie meine Großmutter nicht an mich geglaubt, über meine kleinen Fehler geschmunzelt, meinen Befürchtungen widersprochen und mir eine hoffnungsvolle Perspektive gegeben.

Haben Sie auch solche Menschen in Ihrem Leben? Gott ist jemand, der wunderbare Pläne für Ihre Zukunft hat. Und nicht nur das: Sie haben alles, was es braucht, um diese genialen Pläne auszuführen. Alles, was es braucht, ist ein wenig Glauben!

Die Bibel ist voll von Geschichten und Gleichnissen, die uns helfen sollen, unsere Gedanken mit hoffnungsvollen Bildern zu füllen. Denn das, was wir denken, hat auch im Glauben ein große Auswirkung.

Gott hat wunderbare Gedanken über Ihre Zukunft. Wenn Sie das glauben können, wäre es nicht eine wunderbare Sache für Ihr Heute?

Ich habe mal davon gehört, wie ein Mann morgens wie immer mit einer verdrießlichen Stimmung am Frühstückstisch Platz nahm und zu seiner Frau sagte: „Das wird bestimmt ein scheußlicher Tag." Dann nahm er die Zeitung und ihm gefiel nicht, was er dort las. Während sie frühstückten, erfreute er seine Frau mit dem üblichen Gejammer aus der Vergangenheit und dass es mit der Welt immer mehr bergab ginge. Es wäre immer so weitergegangen, wenn eines Tages nicht zufällig eine Radiosendung gelaufen wäre, in der der Moderator mit fröhlicher Stimme sagte: „Liebe Hörer, danken Sie Gott für diesen Tag." Dann zitierte er zwei Bibelstellen. Zuerst einen Vers aus dem 1. Buch Mose: „Und Gott sah alles, was er gemacht hatte, und siehe es war sehr gut." Dann noch eine Zeile aus Psalm 118: „Dies ist der Tag, den Gott gemacht hat; wir wollen jubeln und uns an ihm freuen." Dem Mann ging das fromme Gerede auf die Nerven, und er bat seine Frau, das Radio auszuschalten. Seine Frau sagte ihm, dass sie das gerne täte, wenn er ihr verspräche, diese beiden Bibelverse dreimal hintereinander zu sagen. Er erfüllte ihr diesen Wunsch. Natürlich lassen sich jahrelange Gewohnheiten nicht über Nacht verändern, aber irgendwie verlief der Tag besser, so dass er es am nächsten Tag noch einmal versuchte. So verbesserte sich seine Haltung zum Leben Tag für Tag, bis er für jeden Tag etwas Gutes erwartete.

Gott möchte, dass Sie im Heute leben, indem Sie Gedanken der Angst gegen hoffnungsvolle Gedanken austauschen. Gott Lieblingstag ist „Heute" und wenn Sie mit Ihm in jedes „Heute" gehen, können großartige Sachen geschehen.

> *„Zerbrecht euch also nicht mehr den Kopf darüber (sorgt euch nicht), was ihr essen und trinken sollt! Mit solchen Dingen beschäftigen sich nur Menschen, die Gott nicht kennen. Euer Vater im Himmel weiß doch genau, dass ihr dies alles braucht. Sorgt euch vor allem um Gottes neue Welt, dann wird er euch mit allem anderen versorgen."*
> Lukas 12; Hoffnung für alle (Bibel)

Jesus beschreibt den Glauben an Gott als eine vertrauensvolle Beziehung. Er ermutigt uns, im „Heute" zu leben, die sorgenvolle und ängstliche Gedanken abzugeben und stattdessen in ein Leben voll von guten Erwartungen für die Zukunft einzutauchen und unsere Gedanken in dieser Weise formen lassen. Wir werden nicht nur unserer Gesundheit etwas Gutes tun, sondern unsere Träume Tag für Tag verwirklichen und mit Gottes Hilfe rechnen.

Jeder Wolkenkratzer entsteht auf dem Papier, aber wird dann Tag für Tag gebaut.

Lassen Sie sich nicht lähmen, sondern glauben Sie daran, dass Gott Ihnen genug Kraft und Glauben genau für einen Tag gibt. Und das jeden Tag neu.

Was könnte passieren, wenn Sie den Tag mit einem positiven und hoffnungsvollen Gedanken starten? Wenn Sie in jeder Situation etwas Wertvolles finden könnten und wenn Sie aus der Perspektive einer hoffnungsvollen Zukunft leben würden?

DER WEG

Schritt 1: Schauen Sie nur kurz zurück!
Lassen Sie sich nicht von Gedanken der Vergangenheit lähmen, indem Sie darin verweilen, alte Misserfolge zu betrachten, sondern lernen Sie aus dem Geschehenen und lassen Sie los, was Sie nicht mehr ändern können.

Schritt 2: Schauen Sie hoffnungsvoll nach vorne!
Egal wie die Vergangenheit war, alle Möglichkeiten liegen vor Ihnen und deswegen können Sie sich optimistisch und hoffnungsvoll vorstellen, was das Leben noch für Sie bereithält. Benutzen Sie 80 Prozent Ihrer Zeit, um nach Möglichkeiten in der Zukunft Ausschau zu halten, und nur 20 Prozent der Zeit, um zurückzublicken.

Schritt 3: Seien Sie positiv in der Gegenwart!
Gehen Sie mit positiven Gedanken und Erwartungen in den Tag. Sprechen Sie sich ermutigende Bibelverse wie diese zu: „Und Gott sah alles (auch Sie), was er gemacht hatte, und siehe, es war sehr gut." (1. Mose). „Dies ist der Tag, den der Herr gemacht hat; wir wollen jubeln und uns an ihm freuen." (Psalm 118).

REFLEXION

1. Was denken Sie darüber, dass das, was Sie sich wünschen, oft zu Ihnen kommt, wenn Sie so leben, als hätten Sie es schon?

2. Was löst das in Ihnen aus, wenn Sie sich vorstellen, dass Sie Ihre Haltung zur Gegenwart dadurch ändern können, wenn Sie diese aus einer hoffnungsvollen Zukunftsperspektive betrachten würden?

3. Haben Sie schon mal davon gehört, dass Glauben an Gott auch bedeutet, das gegenwärtige Leben von der Zukunft her zu betrachten?

ÜBUNGEN ZU KAPITEL 1

Unser „Wozu?" finden

Der erste Schritt, um unser „Wozu" (den Sinn unseres Lebens) zu finden, ist, unseren Kopf von all den falschen Vorstellungen zu leeren (allen voran die Vorstellung, dass es keinen tieferen Sinn für uns gibt). Folgende Übung, die nur etwa 20 Minuten braucht, kann uns dabei helfen.

1. Nehmen Sie ein leeres Blatt Papier und schreiben Sie oben mit großen Lettern: „Was ist der Sinn meines Lebens."

2. Schreiben Sie darunter die Antwort, die Ihnen als erstes durch den Kopf schießt (es könnte jede Antwort sein). Es muss kein komplexer Satz sein, ein kurzer und simpler Satz ist absolut ausreichend.

3. Wiederholen Sie den zweiten Schritt so lange, bis sie etwas aufs Papier gebracht haben, was Sie den Tränen nahe oder Ihr Herz in Wallung bringt, es unter Ihrer Haut kribbeln lässt. Denken Sie nicht groß nach, schreiben Sie, was Ihnen Ihr Bauch und Herz sagen. Näher Sie sich dem gewissen Etwas, das Sie sagen lässt: „Das ist es! Dafür würde ich mein gesamtes Leben einsetzen."

Weiterführende Gedanken

Es braucht gewöhnlich mindestens 15 bis 20 Minuten, bis Sie Ihren Kopf frei haben von allen Dingen, die vielleicht tolle Vorhaben für Sie sind, aber nicht dem Sinn Ihres Lebens entsprechen. Lassen Sie sich nicht entmutigen, wenn Sie 50 oder 100 Antworten brauchen, bis sich die ersten Emotionen regen. Das bedeutet, dass Sie auf dem richtigen Weg sind. Machen Sie weiter. Machen Sie das Experiment allein und ohne Unterbrechungen. Schließen Sie vielleicht Ihre Augen und fangen Sie an zu beten, dass Gott die Kontrolle über Ihre Sinnfindung übernimmt.

Wenn Sie etwas gefunden haben, was eine Not lindert, einen positiven Beitrag liefert, zu groß ist, als dass Sie es mit Leichtigkeit tun könnten, wenn es etwas ist, das gar nach göttlichem Beistand verlangt, dann sind Sie Ihrem „Wozu" auf der Spur. Tun Sie das, was Sie herausgefunden haben und betrachten Sie die Sinnfindung noch nicht als abgeschlossen. Gott gibt fast nie das komplette Bild auf einmal, sondern weist einen Weg und gibt eine erste Vorstellung, wie dieser Weg gegangen werden kann.

Fokus

KAPITEL 2

Fokus – Wie kann ich das Ziel im Auge behalten?

„Eine Vision ist nutzlos in den Händen einer Person, der es an Disziplin mangelt, sie in die Realität zu bringen. "
Brian C. Houston

Alle, die schon einmal eine Sportart wie Golf, Tennis, Fußball oder Billard betrieben haben, konnten sicher feststellen, wie wichtig es ist, den Ball im Auge zu behalten. Gelingt einem dieses nicht, hat man schon so gut wie verloren. Was für den Sport stimmt, gilt erst recht für unser Leben. Auch hier brauchen wir diese Fähigkeit des Fokussierens, damit wir am Ende unser Ziel nicht verfehlen. Es gibt eine Reihe von gescheiten Büchern darüber, wie Ziele auszusehen haben, damit sie erreichbar sind. Sicher haben Sie schon einmal von der SMART-Regel gehört. Diese besagt, dass unsere Ziele spezifisch, messbar, attraktiv, realistisch und terminiert sein müssen, damit wir sie erreichen können. Ich möchte darauf in diesem Buch nicht groß eingehen, sondern etwas tiefer graben und über die Sehnsüchte, unser Herz und innere Motive sprechen, die uns antreiben, eben diese Vorhaben zu realisieren.

Ich denke bei der Verwirklichung von Zielen oft an das Bergsteigen: Am Fuß des Berges sind wir noch ganz enthusiastisch, aber im weiteren Verlauf merken wir, worauf wir uns eigentlich eingelassen haben, und fragen uns, wie wir das Ziel überhaupt erreichen können. Genauso fühlt es sich immer gut an, große Lebensvisionen zu entwerfen, doch wenn wir beim Visionieren stehenbleiben, werden wir auf Ihrer Reise zum Leben nicht sehr weit kommen. Die Frage wird nämlich sein, ob wir bereit sind, die Ärmel hochzukrempeln und unsere Vision in eine Tat zu führen.

Wenn wir uns auf ein Ziel ausrichten, werden wir nicht nur weit vorankommen, sondern auch gleichzeitig ausgeglichener und entspannter sein, denn unsere vielen Aufgaben reduzieren sich auf die entscheidenden. Wir werden eine Balance entwickeln können zwischen Langeweile und Überforderung, nicht länger Gott spielen müssen und versuchen, das ganze Universum zu retten, sondern befreit sein, das zu tun, was unserer persönlichen Lebensaufgabe entspricht. Es wird darum gehen, die Sehnsucht nach Entscheidungsfreudigkeit, Mut und Durchhaltevermögen zu wecken und auszubauen. Nur dann werden wir fähig, nicht nur die „Dinge richtig zu tun", sondern „die richtigen Dinge richtig zu tun".

Natürlich wird es nicht einfach werden, aber ist der

Weg zum Gipfel eines Berges jemals leicht zu erreichen? Wenn Sie Ihr Leben nicht für etwas Durchschnittliches opfern wollen, dann müssen Sie lernen, an dem, was Sie in dem letzten Kapitel gefunden haben, dranzubleiben. Die Botschaften folgender Filme werden Ihnen dabei helfen, den Fokus zu behalten, denn darin liegt eine große Kraft.

TROJA

Die Kraft der Entscheidung

*„Die Götter beneiden uns. Sie beneiden uns, weil
wir sterblich sind, weil jeder Moment unser letzter
sein könnte. Alles ist so viel schöner, weil man einmal
stirbt."*
Achilles in „Troja"

Troja erzählt die Saga um die gleichnamige Stadt des
Altertums und den griechischen Helden Achilles. Dieser
scheint nicht nur unbesiegbar zu sein, sondern ist auch
noch angetrieben von der Kraft, mit seinem Leben etwas hinterlassen zu wollen, was seinen Namen für immer in die Geschichtsbücher eintragen würde. Mit der
Schlacht der Griechen gegen die unbesiegbare Stadt Troja, die größte Schlacht, die bis dahin je geschlagen wurde,
bekommt Achilles auf einmal die Möglichkeit, sein Ziel
zu erreichen. Doch bevor er in die Kampf zieht, bittet er

seine Mutter Thetis, eine Seherin und Prophetin, für ihn in die Zukunft zu schauen. Sie prophezeit, dass Achilles zwei Möglichkeiten erwarten: Zieht er nicht in die Schlacht nach Troja, wird er eines Tages heiraten, Kinder haben und im hohen Alter sterben, aber seine Taten werden keine große Bedeutung haben. Er würde sein Ziel verfehlen. Zieht er dagegen in den Krieg gegen Troja, wird er sein Leben verlieren, aber sein Name wird für alle Zeit unvergessen sein. Achilles entscheidet sich für die zweite Variante, er zieht in den erbitterten Kampf um Troja und wird schließlich sogar der Entscheidungsbringer auf Seiten der Griechen.

Haben Sie den Film gesehen? Dann kennen Sie sicher die Szene, in der Achilles seine Mutter um Hilfe für seine Entscheidung befragt. Den Rat von ihr finde ich unheimlich weise, denn Sie überlässt ihm die Entscheidung und hält ihm stattdessen die Konsequenzen für jede seiner Optionen vor Augen. Man kann richtig in den Augen von Achilles versinken, als er sich die Möglichkeiten durch den Kopf gehen lässt und im nächsten Moment mit seinen Gefolgsleuten nach Troja und in sein Schicksal segelt.

„Ich bin, der ich heute bin, auf Grund der Entscheidungen, die ich gestern getroffen habe."
Eleanor Roosevelt

Entscheidungen gehören zum Leben

Unser Leben besteht aus einer Kette von Entscheidungen. Es fängt damit an, dass wir uns entscheiden, wann wir morgens aufstehen, was wir anziehen, wann wir aus dem Haus gehen, was wir zu Mittag essen, wann wir die Arbeit beenden und wie wir unsere Freizeit planen. Viele Entscheidungen fallen uns dabei recht leicht, andere dagegen kosten uns sehr viel Kraft. Manches im Leben erscheint uns sogar so, als würden wir gar keine Wahl haben, dabei stimmt das nicht, denn wir haben jedes Mal die Möglichkeit, das zu tun, was wir für richtig halten. Auch wenn uns das nicht immer bewusst ist, aber mit dem Entscheiden treffen Sie letztendlich immer eine Wahl, denn Entscheiden bedeutet zwangsläufig ein Scheiden. Das kann die Sache manchmal herausfordernd machen, denn wenn man sich zum Beispiel für den ruhigen Abend zu Hause entscheidet, kann man nicht gleichzeitig auch seine Freunde besuchen. Die Summe unserer Entscheidungen ist dann am Ende das, was unser Leben prägt.

Was macht es uns auf dem Weg, unseren Fokus zu behalten, eigentlich so schwer, uns zu entscheiden? Ich glaube, es ist die Tatsache, dass wir oft alles wollen!

> *„Finde für mich eine Zukunft!*
> *Geh mir aus dem Weg!*
> *Ich will alles!*
> *Ich will alles!*
> *Und ich will es jetzt!"*
> Queen „I want it all" (freie Übersetzung)

Geht es Ihnen auch so: Es tut einfach weh, sich mit Entscheidungen auch von Optionen zu trennen? Das mag ein Grund sein, warum es sich einfach manchmal besser anfühlt, eine Entscheidung auszusitzen, andere für uns entscheiden zu lassen oder so lange wie möglich alle Wege und Chancen offen zu halten. Das Problem dabei ist, dass auch die Entscheidung keine Entscheidung zu treffen, eine Entscheidung ist. Leider meistens keine gute.

Wir sollten daher entscheidungsfreudig werden, denn unsere Entscheidungen haben immer die Möglichkeit, unser Leben zu verändern.

„Es gibt Menschen, die sehr entschieden sind, wenn es darum geht, Entscheidungen zu vermeiden."
Brendan Francis

Vielleicht geht es Ihnen wie mir: Ich mag es einfach nicht, Menschen zu enttäuschen oder das Gefühl zu haben, eine vermeintlich bessere Option auszuschließen. Bald nach meinem Studium war ich sehr unentschlossen, welchen Weg ich einschlagen sollte. Sollte es die sichere Variante sein oder doch etwas, das Risikobereitschaft und Pioniergeist erforderte? So hing ich einige Zeit in der Luft, bis ich einen weisen Mentor fand, der mich ermutigte, einfach mal ein kalkuliertes Risiko einzugehen und es zu wagen, mich zu entscheiden.

Kennen Sie auch solche Momente, in denen Sie Fragen wie diese blockieren:

Was soll ich studieren? Welchen Job soll ich annehmen? Soll ich den Karrieresprung wagen? Soll ich mieten oder bauen? Wen soll ich heiraten? Welcher Gott ist der richtige?

Es ist ein Grundgesetz des Lebens, dass jede Entscheidung mit Verzicht und Verlust verbunden ist und das macht uns Angst, denn wir fürchten die Kosten. Dann sehen wir nur, was wir verlieren würden, anstelle die Augen dafür aufzumachen, was es zu gewinnen gäbe. Genau dieses starke Gefühl eines Verlustes führt uns dazu, dass wir falsche Entscheidungen treffen oder uns gar nicht festlegen wollen. Das kann einen gehörigen Druck auf uns ausüben. Kennen Sie Situationen wie diese: Wir beenden schwierige Freundschaften nicht (wer weiß, wofür wir sie noch brauchen können), wir schwanken zwischen zwei möglichen Partnern hin und her (der eine gibt Sicherheit, der andere verspricht Abenteuer) oder nehmen zu viel beruflichen Stress an (sicher ist sicher). Während wir also sehr intensiv damit beschäftigt sind, uns alle Türen offenzuhalten, verlieren wir die Entscheidungsfreudigkeit und sind in großer Gefahr, unsere Ziele leichtfertig aus der Hand zu geben.

Wenn wir unser Leben in die Hand nehmen wollen, müssen wir die Kraft von Entscheidungen erfahren.

Entscheidungsfreudiger durch Werte

Entscheidungsfreudig wird man immer dann, wenn man sich nicht von Umständen leiten lässt.

Stellen Sie sich nur einmal vor, wir würden jeden Morgen beim Klingeln des Weckers überlegen, ob wir uns danach fühlen aufzustehen. Niemand von uns, der so durchs Leben geht, wird im Studium oder am Arbeitsplatz erfolgreich sein können. Natürlich ist das Beispiel etwas banal, aber dennoch verfahren viele genau so mit ihren Entscheidungen: Sie lassen sich von den Umständen leiten. Wir schauen auf die Situation und wiegen unsere Entscheidung hin und her, bis wir unseren Vorteil ausgelotet haben – sind manchmal sogar blockiert und sitzen eine Entscheidung aus. Wenn wir uns stattdessen aufgrund unserer Werte entscheiden, dann können wir entscheidungsfreudig werden, denn dann bleiben wir uns am Ende immer treu.

Kennen Sie Ihre Werte? Wenn nicht, lade ich Sie zu folgendem Experiment ein: Stellen Sie sich einmal vor, Sie träumten folgenden Traum: Sie sind unterwegs zu der Beerdigung eines geliebten Menschen. Sie parken das Auto und gehen zur Kapelle. Sie sehen in die Gesichter von Freunden und Angehörigen und spüren die gemeinsame Trauer, aber auch die Dankbarkeit, diesen Menschen gekannt zu haben. Eine andächtige Ehrfurcht erfüllt den Raum, begleitet von sanfter Musik. Als Sie das Programmblatt auf Ihrem Sitz zur Hand nehmen, bemerken Sie, dass es Ihre eigene Beerdigung ist. Sie blicken in diesem Traum in die Zukunft. Alle diese Menschen sind gekommen, um Ihnen die letzte Ehre zu erweisen, Ihnen Liebe und Anerkennung für Ihr Leben auszusprechen. Sie sind sehr gespannt auf den Ablauf der Feier: Das Programmblatt sagt Ihnen, dass insgesamt vier Personen über Sie reden werden. Der erste Redner ist jemand aus Ihrer Familie. Der zweite ist einer Ihrer Freunde, der dritte ist jemand, der Sie im Beruf begleitete und der vierte kommt aus einer Organisation, in der sie sich ehrenamtlich engagierten. Bevor die Reden beginnen, überlegen Sie sich, was Sie von jedem Redner gerne über Ihr Leben hören würden. Was soll über Sie gesagt werden? Wie möchten Sie beschrieben werden? An welche Beiträge und Leistungen soll man sich erinnern? Was soll man über Ihren Umgang mit Ihren Mitmenschen sagen können und was hätten Sie gerne zum Leben der Anwesenden beigetragen?

Das, was Ihnen an dieser Stelle wichtig ist, zeigt Ihre Werte. Nehmen Sie sich vor, dass Sie Entscheidungen auf der Basis dieser Werte treffen und nicht auf Grund von Umständen. Wann immer Sie das tun, haben Sie eine hohe Wahrscheinlichkeit, dass Entscheidungen nicht so falsch sein können. In dem Moment der großen Entscheidung hat sich Achilles auf seine Werte zurückbesonnen und sich überlegt, wofür er am Ende seines Lebens stehen möchte. Für ihn war es schnell klar, dass er nach Troja ziehen müsse, egal wie die Umstände auch seien. Wie würden Sie eine Ihrer anstehenden Entscheidungen auf der Basis Ihrer Werte entscheiden?

*„Verlass dich nicht auf deine eigene Urteilskraft,
sondern vertraue voll und ganz dem Herrn! Denke
bei jedem Schritt an ihn; er zeigt dir den richtigen
Weg und krönt dein Handeln mit Erfolg."*
Sprüche 3, 5–6; Hoffnung für alle (Bibel)

Unser Glaube wird uns ebenfalls helfen, gute Ent-
scheidungen zu treffen. Natürlich wird Gott Ihnen keine
Entscheidungen abnehmen. Das hätte nichts mit Mün-
digkeit zu tun. Aber er gibt uns eine tiefere Sicht für das
Leben, die Dinge der Welt, und dazu noch eine ganze
Reihe von guten Ratschlägen, mit denen er uns auf die
Konsequenzen falscher Entscheidungen hinweist.

Was könnte sich in Ihrem Leben positiv verändern,
wenn Sie wie Achilles lernen würden, sich für einen bestimmten Weg zu entscheiden? Übrigens: Achilles glaub-
te an eine höhere Kraft, an ein Leben nach dem Tod, in
dem die Taten unseres irdischen Lebens eine Bedeutung
spielen werden. Viele große Männer und Frauen um Sie
herum bekennen offen, dass Sie in großen Entscheidungen und schwierigen Momenten göttlichen Beistand ge-
sucht haben. Können Sie sich nicht vorstellen, Gott in
Ihr Leben einzuladen, damit er Ihnen helfen kann, Optionen abzuwägen, Entscheidungen zu treffen und auch
mit Misserfolgen umzugehen?

DER WEG

Schritt 1: **Legen Sie falsche Vorstellungen ab!**

Lösen Sie sich von den falschen Vorstellungen, dass es besser sei, viele Optionen zu behalten oder dass man stets die richten Entscheidungen zu treffen habe. Beides wird Sie lähmen und am Ende in eine Sackgasse führen. Gewinnen Sie stattdessen die Mentalität, dass es nicht immer „das Richtige" gibt, sondern dass es auch etwas geben kann, das wir in dem Moment der Entscheidung als „das Richtige" betrachten. Fokussieren Sie sich immer auf Ihr Ziel und behalten Sie dabei eine Entscheidungsfreudigkeit.

Schritt 2: **Entscheiden Sie auf Basis Ihrer Werte und Ihres Glaubens!**

Lassen Sie Ihre Entscheidungen nicht von Umständen und spontanen Vorstellungen bestimmen, sondern von dem, was Ihren Werten entspricht, indem Sie immer wieder Ihr Leben vom Ende her betrachten und indem Sie den Glauben an Gott einbeziehen.

Schritt 3: **Verändern Sie Ihr Denken!**

Formen Sie Ihre Gedanken in eine Richtung, die Ihnen hilft, Entscheidungen zu treffen. Zum Beispiel könnten Sie sagen: „Wenn ich einen Fehler mache, kann ich ihn korrigieren und zum nächsten Schritt übergehen. Ich nehme mir die Zeit, jede Entscheidung sorgfältig zu durchdenken. Doch wenn etwas getan werden muss, tue ich es." Bilden Sie sich nicht zu viel auf Ihre guten Entscheidungen ein, dann beschuldigen Sie sich auch nicht so sehr bei Fehlgriffen. Schließen Sie in Ihre Gedanken um eine Entscheidungsfindung auch Gott mit ein. Entscheiden Sie sich für Ihn und fragen Sie Ihn um Rat.

REFLEXION

1. Was denken Sie darüber, dass Sie immer die Möglichkeit haben, sich frei zu entscheiden?

2. Wie können Sie die Freiheit dazu bekommen, Entscheidung zu treffen, von denen Sie meinen, dass Sie momentan die beste Wahl darstellen?

3. Wann haben Sie sich schon einmal falsch entschieden, aber hatten dennoch das Gefühl, dass Ihr eigentlicher Sieg der war, dass Sie sich endlich entschieden hatten?

BRAVEHEART

Die Kraft des Mutes

„Dein Herz ist frei. Hab' den Mut, ihm zu folgen."
Malcolm in „Braveheart"

Der Film „Braveheart" erzählt die Geschichte um William Wallace. Wir schreiben das 13. Jahrhundert. Schottland wird von England unterdrückt und ist innerlich zerstritten. König Eduard I. von England lockt mehrere schottische Unterhändler in einen Hinterhalt und lässt sie ermorden. In den darauf folgenden kriegerischen Auseinandersetzungen kommt Williams Vater ums Leben. Nach der Beerdigung wird William, erst acht Jahre alt, von seinem Onkel Argyle, der in Irland lebt, aufgenommen. Jahre später kehrt Wallace gut ausgebildet zurück, um in Frieden zu leben und seine große Liebe Murron zu heiraten. Als ein englischer Soldat diese vergewaltigen will, kommt es zu einem Kampf, im Zuge dessen Murron vom Sheriff öffentlich hingerichtet wird. Der Sheriff bestellt Wallace zu sich. Dieser erscheint tatsächlich, doch nicht um sich auszuliefern, sondern um Gerechtigkeit zu üben. So erobert er mit einigen Getreuen die Festung des Sheriffs, den er anschließend tötet. Schließlich ist ein Krieg gegen England nicht mehr zu vermeiden, und Wallace schart die einfachen Schotten und verschiedene Clans um sich, um den Kampf Schottlands gegen Englands Unterdrückung anzuführen. So eilt er mutig von Sieg zu Sieg, angetrieben von der Vision, Schottland zu einem freien Land zu machen.

Die Geschichte von William Wallace ist eine der wunderbarsten Erzählungen, in der sich eine Horde ausgehungerter Schotten mit der Kraft des Mutes in die Schlacht um ihr Heimatland gegen eine schier übermächtige englische Armee wirft und am Ende die Freiheit erringt. Wo braucht es in Ihrem Leben Mut, sich in das Leben zu werfen, für das Sie bestimmt sind?

Ich habe mal die Geschichte eines Zirkusakrobaten gehört, der vor seinem ersten großen Auftritt von heftiger Angst heimgesucht wurde. Er schaute zum Trapez hoch in das Zirkuszelt hinauf und sagte seinem Lehrer, dass er sich fürchte. Der Lehrer kannte seinen Schüler gut und wusste, wie talentiert er war und sagte zu ihm: „Wirf einfach dein Herz über die Trapezstange und dann wird dein Körper folgen."

Wissen Sie, was Menschen oft fehlt, um ihr Ziel zu erreichen? Es ist schlicht und ergreifend die Bereitschaft, Mut zu beweisen.

„Mut ist, wenn man Todesangst hat, aber sich trotz-
dem in den Sattel schwingt.“
John Wayne

Lassen Sie mich kurz formulieren, was ich meine, wenn ich das Wort „Mut" gebrauche: Mut ist niemals die Abwesenheit von Angst, sondern die schöpferische Kraft, die Sie Ihre Angst überwinden lässt und Sie aus der Lethargie herausholt.

Mut gehört zu den Tugenden, die uns lebendig und zu mehr machen, als einfach nur eine Körpermasse mit genug Eisen, um einen Nagel herzustellen, genug Kalk, um eine Wand zu weißen, genug Wasser, um einen Hund zu tränken, genug Schwefel, um Flöhe zu töten, genug Pottasche, um ein Hemd zu waschen, genug Gold, um eine Bohne zu kaufen, genug Silber, um eine Nadel zu plattieren, genug Blei, um einen Vogel zu beschweren und genug Phosphor, um ein Streichholz herzustellen. Mut ist der Motor, der das, was uns von Gott gegeben wurde, in eine schöpferische Kraft verwandelt. Mut ist das, was uns dazu bringt, unser Herz über die Stange zu werfen. Ohne den Mut, die alten Küsten zu verlassen, würden wir nie neue Erdteile entdeckt haben. Und ohne den Mut unserer Eltern, sich ihre Liebe zu gestehen, wären wir nie geboren worden. Viel von dem, was wir uns für unser Leben vorgenommen haben, werden wie nie erreichen, wenn wir nicht Mut beweisen werden. Jeder Mensch hat genug Mut, um das Leben zu meistern. Vielleicht ist er verkümmert oder lange nicht mehr trainiert worden, aber er ist da.

Wenn ich mich an meine Kindertage erinnere, denke ich daran, dass ich mit meinen Playmobil-Figuren stundenlang Piratenschlachten inszenierte. Später habe ich Figuren gegen Gewehre mit Schreckschusspatronen ausgetauscht und bin durch Gebüsche und Hecken gesprungen, um auf alles zu schießen, was sich bewegte. Nur ein paar Jahre später wiederum wichen die Plastikgewehre dem Geruch von Gras, Blut und Schweiß und wilden Schlachten auf dem Fußballplatz.

Erinnern Sie sich daran, wie sie ganz natürlich in Ihrem Leben Mut bewiesen haben? Wissen Sie noch, wie Sie in den ersten Lebensjahren todesmutig einer inneren Stimme folgten, die Sie in die Gefahr des aufrechten Ganges trieb? Können Sie sich noch den Mut erinnern, der Sie in frühen Jahren dazu animierte, das Fahrrad ohne Stützräder zu fahren oder mutig ins Wasser zu steigen, um das Schwimmen zu erlernen? Diese oder ähnliche Geschichten zeigen Ihnen, dass Sie von Ihrer Kindheit an schon mit einer gehörigen Portion Mut ausgestattet wurden.

Ging es nicht auch in Ihrer jüngsten Vergangenheit darum, in eine Geschichte einzutauchen, in der Sie in die Rolle eines William Wallace schlüpften, um ein Abenteurer zu bestehen, einen Kampf zu kämpfen und unsere große Liebe zu erobern? Bleiben Sie nicht in der Vergangenheit stehen, sondern stärken Sie den Mut-Faktor in Ihnen, denn Mut wird bis zu Ihrem Lebensende diese wichtige göttliche Kraft in Ihnen bleiben.

„Was wäre das Leben, hätten wir nicht den Mut, etwas zu riskieren?"
Vincent van Gogh

Vielleicht gab und gibt es Situationen in Ihrem Leben, durch die Sie Mut verloren haben. Vielleicht haben Sie einmal etwas gewagt und am Ende ernteten Sie dafür nur ein müdes Lächeln oder gar ein Bedauern, anstatt für Ihren Mut gelobt worden zu sein. Momente der Entmutigung tun nicht nur weh, sondern Sie prägen uns auch für die Zukunft. Ich finde es immer sehr traurig, wenn ich über solche Momente nachdenke. Denn wann immer uns unser Mut geraubt wird, entreißt man uns ein Teil unserer Zukunft.

Mut entwickeln

Wie können wir Momente der Verzagtheit überwinden, unseren Ängsten begegnen und Mut entwickeln, damit uns das Leben nicht aus der Hand genommen wird?

Die Angst konfrontieren!

Mut zu entwickeln beginnt damit, unseren Ängsten ins Gesicht zu schauen und ihnen mit Entschlossenheit zu begegnen. Wir sollten eine Gewohnheit daraus machen, den schwierigen Situationen nicht auszuweichen, sondern ihnen entgegenzugehen, wenn Sie uns zu nahe kommen.

Der Angst die Kraft nehmen!

Wenn wir das, was wir fürchten, immer wieder tun, verliert es seine Kraft. Tun Sie das Furchteinflößende erst einmal in Ihrer Vorstellung, indem Sie sich mit der Situation gedanklich auseinandersetzen. Was würde es bedeuten, in der Situation Mut zu beweisen? Spielen Sie das in Ihrem Kopf so lange durch, bis Sie zur Tat schreiten können. Dann bleiben Sie dran und tun Sie es immer und immer wieder.

Sich als Gewinner sehen!

Sehen Sie einen mutigen Menschen als Gewinner. Denn Mut zu beweisen zeigt, dass wir uns einsetzten, es weist auf unsere Konfliktfähigkeit und eine innere Stärke und Gelassenheit hin. Wenn wir mutig sind, dann haben wir schon gewonnen, egal wie es ausgehen wird.

Mut ist eine Gabe Gottes

Mutlosigkeit ist übrigens kein Geschenk Gottes. Im Gegenteil: Gott freut sich darüber, wenn wir mit seiner Hilfe Mut entwickeln (und darin ist er richtig gut) und somit in das Abenteuer unseres Glaubens springen.

> *„Ja, ich (Gott) sage es noch einmal: Sei mutig und entschlossen! Lass dich nicht einschüchtern, und hab keine Angst! Denn ich, der Herr, dein Gott, bin bei dir, wohin du auch gehst."*
> Josua 1, 9; Hoffnung für alle (Bibel)

Wenn wir an den Gott der Bibel glauben, dann haben wir die Möglichkeit, auch in unserem Mut zu wachsen.

Stellen Sie sich nur einmal vor, dass die Bibel Sie als ein Ebenbild Gottes beschreibt. Ebenbild ist ein Begriff dafür, dass in Ihnen etwas Göttliches, Heroisches und Schöpferisches zu finden ist, was sich nicht damit zufrieden geben will, ein Duckmäuser zu sein. Vielleicht wagen Sie es, zu glauben, dass die Bibel an diesem Punkt recht hat, denn dann würde es sicher eine große Auswirkung auf Ihr Selbstbewusstsein haben, oder? Sätze wie diese könnten Ihnen leicht von den Lippen gehen:

„Ich bin bereit, ein Risiko einzugehen, denn ich falle nicht tiefer als in Gottes Hand!"
„Ich werde Mut beweisen, denn ich habe Gott als Partner!"
„Ich weiß, dass ich wichtig auf dieser Welt bin, denn Gott hat mich gemacht!"

Gott in unserem Leben zu haben, kann uns von schüchternen und zurückhaltenden Menschen zu solchen mit Mut reifen lassen.

Braveheart erzählt die Geschichte eines schlichten Mannes, William Wallace, der an einem Punkt in seinem Leben Mut bewiesen hat und damit sein Ziel von Friede und Freiheit erreichen konnte. Was könnte der Mut-Faktor in Ihrem Leben für Sie und Ihr Umfeld bewirken? Wagen Sie es!

DER WEG

Schritt 1: Schauen Sie der Angst ins Gesicht!
Bevor Sie eine Strategie entwerfen, müssen Sie dem Feind ins Gesicht schauen und sich fragen, vor wem oder was Sie sich eigentlich fürchten. Welche Angst könnte Sie in ein gewöhnliches Leben treiben? Ist es die Angst, zu versagen, die Angst, was andere über Sie sagen, oder die Angst, das Gewohnte und Gewöhnliche zu verlassen? Es wird immer eine Kraft geben, die Sie von Ihrem Weg des Lebens abhalten will und fast immer wird es mit einer Ur-Angst in Ihnen zu tun haben. Schauen Sie dieser Angst ins Gesicht und nennen Sie diese beim Namen.

Schritt 2: Achten Sie auf Ihre Worte!
Mut ist ein trainierbarer psychologischer Muskel, welcher Ihnen hilft, die Herausforderungen des Lebens zu meistern. Er ist nicht die Abwesenheit von Angst, sondern unser Umgang mit ihr. Einer der besten Wege Mut wachsen zu lassen ist, auf Ihre Worte zu achten und diese zu verändern. Sprechen Sie gut über sich, über Ihre Zukunft und über Ihre Möglichkeiten. Wenn Sie einen Fehler gemacht haben, sagen Sie sich: „Ich habe eine Methode ausprobiert, die nicht funktioniert. Das nächste Mal bin ich schlauer." Wer Mut beweist und etwas versucht, ist bewundernswert, auch wenn er darin versagt hat.

Schritt 3: **Trainieren Sie Mut!**

Stellen Sie sich eine Situation vor, in der Sie Mut beweisen möchten. Spielen Sie die Situation durch, indem Sie sich beispielsweise die Person vorstellen, gegenüber der Sie mutig sein möchten. Nehmen Sie in Gedanken Ihre und die Rolle Ihres Gegenübers ein. Stellen Sie sich in diesem Moment vor, wie Gott Ihnen zur Seite steht und mit Ihnen zusammen die Herausforderung meistert.

REFLEXION

1. Sind Sie eher von mutigen oder ängstlichen Menschen in Ihrem Leben beeinflusst worden?

2. In welchen Situationen Ihres Lebens haben Sie bereut, nicht mutig gewesen zu sein, und was könnten Sie für Ihr Heute daraus lernen?

3. Wenn Mut eine gottgegebene Fähigkeit ist, die jeder Mensch verlernen und erlernen kann, was könnten Sie tun, um Mut in Ihrem Leben Stück für Stück zu kultivieren?

DAS STREBEN NACH GLÜCK

Die Kraft der Ausdauer

„Lass Dir von niemandem je einreden, dass Du etwas nicht kannst. Auch nicht von mir. Okay? Wenn Du einen Traum hast, musst Du ihn beschützen. Wenn andere was nicht können, wollen sie Dir immer einreden, dass Du es auch nicht kannst. Wenn Du was willst, dann mach es. Basta."
Chris in „Das Streben nach Glück"

Der Film „Das Streben nach Glück" erzählt die wahre Geschichte des Chris Gardner. Chris lebte Anfang der achtziger Jahre in San Francisco. Nachdem ihn seine Frau verlassen hat, versucht er sich und seinen Sohn Christopher mehr schlecht als recht als Vertreter für ein neuartiges medizinisches Gerät über Wasser zu halten. Schließlich gerät er in einen finanziellen Engpass und beschließt, sich eine besser bezahlte Arbeit zu suchen. Tatsächlich bekommt er das Angebot für ein sechsmonatiges Praktikum bei einer Bank. Die Aussicht auf eine Festanstellung winkt und damit auch eine gut bezahlte Arbeit, die ihm und seinem Sohn ein gutes Leben ermöglichen würde. Die Sache hat nur einen Haken: Er ist nur ein Kandidat unter vielen und am Ende des Praktikums wird nur einer die Festanstellung bekommen. Bis dahin gibt es sogar gar kein Gehalt. Chris nimmt die Herausforderung an. Es ist ein harter Weg, den Vater und Sohn zusammen gehen müssen. Die finanzielle Lage wird so eng, dass sie schließlich sogar aus der gemieteten Wohnung ausziehen müssen und auf der Straße landen. Etwas, das Chris Gardner auszeichnet, ist die große Ausdauer mit der er beharrlich an seinem Ziel festhält. Am Ende des Films absolviert Chris erfolgreich die Abschlussprüfung seiner Praktikumsstelle und bekommt die Festanstellung in der Bank.

Nachdem wir im letzten Kapitel gelernt haben, dass es Mut braucht, um unser Ziel zu erreichen, verrät uns der Film „Das Streben nach Glück" etwas über die Kraft der Ausdauer.

Ausdauer ist ein bisschen länger mutig zu sein

Ich glaube, dass Ausdauer und Mut Hand in Hand gehen müssen, denn manchmal zählt es nicht, noch couragierter zu werden, sondern nur das kleine bisschen länger durchzuhalten.

„Ein Held ist nicht mutiger als ein gewöhnlicher
Sterblicher, aber er ist es fünf Minuten länger."
Ralph Waldo Emerson

Kennen Sie auch aus Ihrem Leben solche Geschichten, in denen einmal mutig zu sein nicht ausreicht, sondern eine zähe Ausdauer von ständiger Courage nötig ist, um das Ziel zu erreichen?

Was wäre Ihnen in Ihrem Leben schon entgangen, hätten Sie die Flinte zu schnell ins Korn geworfen?

Lassen Sie sich das einmal durch den Kopf gehen.

Als ich mein Studium an einer privaten Hochschule begann, kam die Schule in eine große finanzielle Krise. Die Schulgründer sind voller Mut mit dem Fokus gestartet, eine der besten und größten Ausbildungsstätten im deutschsprachigen Raum für ihren Bereich zu werden. Gerade, als sie mit dem Mut des Pioniergeistes einen Gipfel nach dem anderen erklommen hatten, schien die Welt unter ihnen zusammen zu brechen: Ein großer Sponsor fiel aus und damit ging ihnen schlicht und ergreifend das Geld aus. Da es sich um eine Privatschule handelte, brauchte es nicht viel Fantasie, was in den Köpfen der Leiter vor sich gehen musste, als sie diese Hiobsbotschaft erreichte. Natürlich breitete sich diese Schreckensmeldung schnell unter den Studenten aus. Es war schon beeindruckend, dass die Lehrer kurzfristig auf große Teile ihres Gehalts verzichteten, auch wenn das nur den berühmten Tropfen auf dem heißen Stein ausmachen würde. Viel beeindruckender für mich war allerdings die Haltung, mit der das Lehrerkollegium uns Schülern begegnete und für mich in dieser Phase die Verkörperung von ausdauerndem Mut darstellte: „Wir werden nicht aufgeben. Wir beten mutig, dass Gott ein Wunder tut. Er wird den Schuldenberg verrücken. Wenn er das nicht tut, werden wir weiter mutig beten, dass wir den Berg übersteigen, und wenn das nicht gelingt, werden wir mutig einen Tunnel graben, und wenn das nicht klappt, glauben wir, dass wir inmitten des Tunnels auf Gold stoßen."

Die Schule ist heute saniert und es geht ihr besser als je zuvor. Ich staune immer wieder über das, was sich dort durch die Kraft der Ausdauer entwickelt hat. Vor allem über die Veränderung in den beteiligten Menschen.

> *„Das Leben ist nicht einfach für uns. Wir müssen Ausdauer haben und ein Vertrauen in uns. Wir müssen glauben, dass wir für etwas begabt sind. Für das müssen wir kämpfen, koste es was es wolle."*
> Marie Curie (freie Übersetzung)

Im Leben geschehen die großen Dinge niemals einfach so. Da ist immer einen Preis, den es zu bezahlen gilt, Mut, der bewiesen werden muss, und die Aufgabe, dran zu bleiben, wenn sich der Erfolg nicht gleich einstellt. Denn immer, wenn Bedeutendes gestartet wird, wird sich ein Berg auftun, den es zu überwinden gilt. Ausdauer ist Konstanz, Kontinuität, Hingabe, Durchhaltevermögen und Geduld. Ausdauer ist die Fähigkeit, nicht sofort aufzugeben, sondern wieder auf das Pferd zu steigen, das uns gerade zuvor abgeworfen hat. Ausdauer ist immer verbunden mit harter Arbeit an sich selbst: Unseren Stolz, die falschen Vorstellungen und manches Idealbild verändern zu lassen. Ausdauer heißt, den Klassenraum nicht zu verlassen, bevor wir eine Lektion gelernt haben.

Bei Ausdauer geht es nicht darum, geduldig zu warten, sondern darum, in welcher Haltung wir das tun. Dann können wir sogar erfolgreich scheitern, denn wir haben etwas in uns verändert, wir haben uns ohne es zu wissen auf die nächste Herausforderung vorbereitet. Durch Ausdauer werden wir Zeiten des Durchhaltens als Phasen der Veränderung an unserem Charakter und Herzen erfahren. Das wird letztendlich darüber entscheiden, wohin unser Leben geht.

> *„Wenn ihr wirklich glaubt und nicht zweifelt, könnt ihr nicht nur dies tun, sondern noch größere Wunder. Ihr könnt sogar zu diesem Berg sagen: 'Hebe dich von der Stelle, und stürze dich ins Meer!', und es wird geschehen. Ihr werdet alles bekommen, wenn ihr im festen Glauben darum bittet."*
> Matthäus 21, 21–22 (Bibel)

Ich weiß nicht, welcher Berg vor Ihnen liegt und sich nicht bewegt. Ist es ein Schuldenberg oder ein Berg schlechter Erfahrungen mit Gott? Ist es ein Berg unvergebener Schuld oder chronischer Erkrankung? Heißt der

Berg „Sorge um die Kinder" oder „enttäuschte Hoffnungen"? Wie er auch heißen mag, wie mächtig er sich auch erhebt, wie unüberwindlich er auch erscheint, Jesus sagt: „Glaube, vertraue den Möglichkeiten Gottes und sprich zu dem Berg: ‚Stürz dich ins Meer!'". Auch beim Glauben brauchen wir Ausdauer. Die Berge verschwinden selbst mit Gottes Hilfe selten spontan, denn der Berg allein ist nie die ganze Herausforderung, sondern es geht auch immer um die Veränderungen in uns und die Begegnung mit Gott.

Eine für mich faszinierende Geschichte ist die des Bestseller-Autors Brian C. Young. Als Brian sein Buch „Die Hütte" im Jahr 2005 neben seiner Tätigkeit als Hotelportier schrieb, fand er partout keinen Verlag, der es veröffentlichen wollte. Es gehört schon eine gute Portion Mut dazu, etwas auf Papier zu bringen, das seine eigene Leidensgeschichte beschreibt und im Grunde auch seine Erfahrungen von Trauer und Schmerz offenlegt. Aber es gehört sehr viel Ausdauer dazu, das Buch per Mundpropaganda zu vermarkten und schließlich sogar einen eigenen Verlag zu gründen, um es weiter zu vertreiben. Erst nach viel Geduld konnte man bestaunen, dass „Die Hütte" zu einem mehrfachen Bestseller mit vielen Millionen verkauften Exemplaren wurde und unzähligen Menschen Inspiration und Hoffnung gebracht hat.

Chris Gardner hatte allen Grund, enttäuscht und wütend auf sich und das Leben zu sein. Wenn wir „Das Streben nach Glück" schauen, können wir das so richtig mitfühlen, wie es ist, auf dem Weg zu seinen Zielen mit seinem kleinen Sohn auf der Straße wohnen zu müssen, voller Enttäuschung und Frust darüber, wohin uns unser Mut geführt hat. Und wir erinnern uns an die Momente, in denen wir traurig waren und enttäuscht wurden. Wir fangen an, die Schuld bei uns oder bei anderen zu suchen, um dann schließlich auf halber Strecke die Flinte ins Korn zu werfen, weil wir uns schämen, uns einfach hilflos fühlen wie jemand, der wieder einmal versagt und das Ziel erneut nicht erreicht hat. Doch aus der Beziehung zu Gott können wir eine unglaubliche Ausdauer entwickeln und die Berge unseres Lebens verrücken.

DER WEG

Schritt 1: **Seien Sie optimistisch!**

Bewahren Sie sich Ihren Optimismus. Stellen Sie sich vor, ein Fußballtrainer würde zur Halbzeit des Spiels in die Kabine kommen und seiner Mannschaft sagen: „Ich weiß nicht, warum wir uns das antun, gegen die andere Mannschaft zu spielen. Sie sind schneller, kräftiger, technisch besser und uns auch in allen anderen Bereichen haushoch überlegen. Aber geht doch trotzdem für die zweite Halbzeit auf den Platz und versucht es." Die letzte Hoffnung ist spätestens nach dieser Rede verloschen. Solange es nur einen Funken Hoffnung gibt, halten Sie ihn am glimmen. Wenn es auch noch die kleinste Möglichkeit gibt, klammern Sie sich an ihr fest.

Schritt 2: **Haben Sie Nachsicht!**

Verzichten Sie auf Selbstvorwürfe und seien Sie nachsichtig, denn selbst wenn Sie Ihre Vorsätze noch nicht umsetzen konnten und Sie mehr Zeit benötigten, als Sie vorher angenommen hatten, brauchen Sie sich nicht noch zusätzlich selbst zu bestrafen. Akzeptieren Sie stattdessen, dass Sie da stehen, wo Sie im Augenblick sind. Sagen Sie sich Sätze wie: „Ich bin bereit, zu akzeptieren, dass ich meinen Plan nicht so schnell in die Tat umgesetzt habe, wie ich mir das gewünscht habe, aber ich bin froh, dass ich begonnen habe." Beten Sie zu Gott, dass er Ihnen hilft, sich so lange mit einem Problem auseinander zu setzen, bis Sie den Berg versetzen, überwinden, durchgraben oder in ihm eine Goldmine finden können, indem sie eine innere Veränderung erfahren konnten.

Schritt 3: **Bleiben Sie korrekturbereit!**
Es ist sehr wichtig, dass sich die Ausdauer mit der Bereitschaft zur Korrektur paart, denn es bringt nichts, sich an untergehenden Schiffen oder an Luftschlössern festzuklammern. Prüfen Sie daher immer, ob das, was Sie mit Ausdauer verfolgen wollen, etwas ist, was zu Ihnen passt, ob es auch Ihren Mitmenschen einen Nutzen bringt und nicht gegen die Werte Gottes verstößt. Die Schuhe, in denen Sie auf Ihrer Reise zum Leben unterwegs sind, sind immer ein paar Nummern zu groß, aber stellen Sie einfach zwischendurch immer wieder sicher, dass es die richtigen Schuhe sind!

REFLEXION

1. In welchen Bereichen fällt es Ihnen leichter, Ausdauer zu beweisen, und wo sind Sie dazu veranlagt, schnell die Flügel hängen zu lassen und aufzugeben?

2. Gibt es Menschen in Ihrem Umfeld, die die große Fähigkeit von Ausdauer besitzen, und was könnten Sie von Ihnen lernen?

3. Malen Sie sich aus, wie Sie das nächste Mal in einer Situation reagieren wollen, von der Sie wissen, dass Sie nicht über Nacht gelöst werden kann.

ÜBUNGEN ZU KAPITEL 2

Den Fokus behalten

Mit dieser Übung trainieren Sie, den Fokus zu halten. Machen Sie sich auf den Weg, sich trotz Ablenkungen und Veränderungen besser auf eine Sache zu konzentrieren und auf ein Ziel auszurichten.

1. Versuchen Sie sich vorzustellen, dass Sie einige Schubladen in Ihrem Kopf haben. In jeder Schublade ist ein Gedanke. Sobald Sie sich diesem Gedanken widmen möchten, machen Sie diese Schublade auf und widmen sich dem Thema. Wenn es Ihnen zu viel wird, legen Sie den Gedanken einfach wieder ab.

2. Gehen Sie in der Natur spazieren. Versuchen Sie Ihren Kopf frei zu bekommen, indem Sie sich auf die leisen Geräusche konzentrieren: Hören Sie das Rauschen des Blätter, das Tropfen des Regens, das Zwitschern der Vögel. Trainieren Sie, sich auf etwas zu konzentrieren, das im Lärm des Alltags gewöhnlich untergeht.

3. Hören Sie auf Ihre innere Stimme. Führen Sie einen Dialog mit sich selbst, vielleicht auch mit Gott. Fragen Sie sich die Fragen, nach Ihrem Weg, den nächsten Schritten. Tun Sie „die Dinge richtig" oder tun Sie „die richtigen Dinge"? Wenn Letzteres nicht der Fall ist, schreiben Sie auf, wie Sie das ändern könnten.

4. Schreiben Sie ein Tagebuch. Es muss nicht jeden Tag sein, aber wenn Sie etwas erkannt haben und sich Ziele für die Zukunft setzen, schreiben Sie es auf. Nehmen Sie sich immer wieder Zeit, alte Tagebucheinträge zu betrachten und sich die Frage zu stellen, ob Sie noch auf dem Weg sind, den Sie sich selber vorgenommen haben.

5. Reden Sie mit Freunden über Ihre Ziele und lassen Sie sich immer wieder reflektieren, indem Sie sich ihre Meinung von Außen einholen. Sehen Sie Flexibilität als etwas Gutes, denn darin liegt Leben.

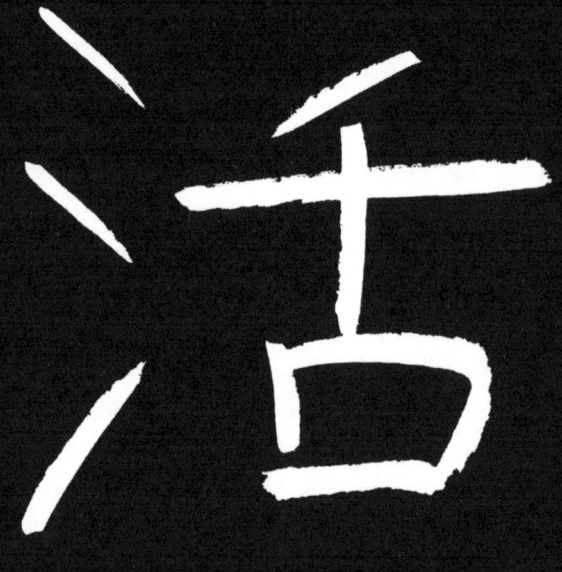

Flexibilität

KAPITEL 3

Flexibilität – Wie werden Krisen zu Chancen?

„Nichts ist so beständig wie der Wandel."
Heraklit von Ephesus

Das einzig wirklich Beständige im Leben ist die Veränderung. Denn ob wir es lieben oder nicht, das Leben ist einfach voller überraschender Wendungen, sonderbarer Fügungen und ungeplanter Ereignisse. Unser Leben ist einfach das, was passiert, während wir eifrig dabei sind, andere Pläne zu machen. Doch wie ist unsere Reaktion darauf, wenn unser Leben anders verläuft, als wir es geplant, gehofft und erträumt haben? Geraten wir aus dem Tritt, wirft es uns aus der Bahn, versinken wir in Depressionen, oder gelingt es uns dem Leben in jeder Lebensphase etwas Gutes abzugewinnen, Hoffnung zu schöpfen, Motivation für einen Kurswechsel zu bekommen und somit in Bewegung zu bleiben? Könnte es sein, dass sogar Chancen in den Krisen unseres Lebens liegen?

Die Kunst, mit den Veränderungen unseres Lebens umzugehen, ist so wichtig, weil wir nur so unsere Träume bewahren können.

In dem bekannten Musical Les Miserables singt die Hauptfigur Fantine das Lied „I Dreamed a Dream" (Ich träumte einen Traum). Das Lied handelt davon, dass Fantine vor langer Zeit davon träumte, ein Leben zu leben, das sich lohnt, voller Liebe, Unsterblichkeit und einem guten Gott. Am Ende des Liedes kommt sie allerdings zu dem traurigen Fazit, dass sie sich für Ihre Fehler schämt und ihren Traum für ihr Leben nun aufgegeben hat. Ist das nicht eine Tragödie, wenn Veränderungen und Krisen uns das Leben rauben? Das darf einfach nicht geschehen!

Das Wort, welches im Chinesischen für Flexibilität steht, ist das gleiche Wort, welches für Leben benutzt wird. Ich glaube persönlich, dass es stimmt: Wir können die Träume unseres Lebens nicht bewahren, wenn es uns nicht gelingt, uns auf Veränderungen einzulassen und Krisen als Chancen zu sehen.

Darum wollen wir in diesem Kapitel darüber nachdenken, wie wir Verantwortung in Situationen übernehmen, in denen das Leben einen ungeplanten Verlauf nimmt.

Denn wir haben die Kraft, das Leben von verschiedenen Seiten zu betrachten, diese schöpferische Fähigkeit, die zwar nicht die Umstände verändern kann, aber sehr wohl Einfluss darauf hat, wie unsere Sicht darauf ist. Denn ob das, was uns widerfährt, Müll oder Dünger ist, hängt einzig und allein von unserer Perspektive ab.

Die Fähigkeit, dem Wandel des Lebens zu begegnen und dennoch in Bewegung zu bleiben, ist die Flexibilität, die wir auf unserer Reise zum Leben brauchen.

50 ERSTE DATES

Aus Fehlern lernen

„Platz' doch nochmal in 10 Sekunden rein. Ich wür-
de dich gern ein weiteres Mal kennenlernen!"
Tom in „50 erste Dates"

Der Film „50 erste Dates" erzählt eine Liebesgeschichte
der ganz anderen Art. Henry Roth ist ein erfolgreicher
Tierarzt und lebt auf Hawaii. Er gilt als Frauenheld, der
von einer Beziehung in die nächste hüpft. Er scheint dieses Leben zu lieben, bis, ja bis er eines Tages Lucy Whit-
more trifft, in die er sich Hals über Kopf verliebt. Bald
schon stellt Henry allerdings fest, dass etwas an Lucy anders ist, und er findet heraus, dass sie nach einem Unfall
unter Amnesie leidet. Sie hat ihr Kurzzeitgedächtnis verloren und vergisst in jeder Nacht den vorangegangenen
Tag. Alle ihre Freunde und Verwandte sind eingeweiht
und spielen dieses Spiel mit, indem sie ihr jeden Tag ei-

nen Tag vortäuschen, der auf den letzten Tag, an den sie sich erinnern kann, folgt. Henry steht nun vor der einzigartigen Herausforderung, täglich erneut um das Herz seiner Liebe zu werben. An manchen Tagen gelingt es ihm und beide verlieben sich ineinander. Einmal macht er ihr sogar einen Heiratsantrag, den sie annimmt, aber alles nur, um am nächsten Tag wieder alles vergessen zu haben. Henry könnte verzweifeln, aber er beschließt, das Beste aus der Situation zu machen und durch jeden Fehler die Strategie, Lucys Herz zu erobern, zu perfektionieren.

Ich habe noch keinen Liebesfilm gesehen, der die Geschichte von „aus Fehlern lernen" besser erzählt als „50 erste Dates". Ich finde es einfach herrlich, den Film aus dieser Perspektive zu betrachten. Möchten auch Sie aus Ihren Fehlern lernen, anstatt sich von ihnen lähmen zu lassen?

> *„Erfolg ist das Ergebnis richtiger Entscheidungen. Richtige Entscheidungen sind das Ergebnis von Erfahrung. Erfahrung ist das Ergebnis falscher Entscheidungen."*
> Anthony Robbins

Durch Fehler zum Erfolg

Fehler sind nicht nur ein lästiges Übel, sondern notwendig, um zu Reife und Erfolg zu gelangen. Wissenschaftler haben im Gehirn eine Art „Frühwarnsystem" gefunden, das uns hilft, Fehler zu vermeiden. Wollen Sie wissen, wie unser Gehirn das macht? Ganz einfach, es speichert alle negativen Erfahrungen unserer Vergangenheit, und wenn wir dabei sind, eine bestimmte Handlung zu wiederholen, schlägt es in nur 0,1 Sekunden an, um uns zu warnen, den gleichen Fehler nochmals zu begehen. Lassen Sie es sich doch einen Moment mal durch den Kopf gehen, was das bedeuten kann. Wenn sogar unser Gehirn so konzipiert ist, dass es Fehler braucht, um unsere Entscheidungsfähigkeit zu schärfen, welche neue Perspektive könnten Sie über Ihre Fehler gewinnen? Könnten Fehler in der Zukunft für Sie ein Partner werden, so wie sie es für viele andere große Persönlichkeiten wurden?

„Ich habe in meiner Karriere 9000 Würfe daneben geworfen. Ich habe fast 300 Spiele verloren. 26mal wurde mir der alles entscheidende Wurf anvertraut – und ich habe ihn verfehlt. Ich habe immer und immer wieder versagt in meinem Leben, und daher war ich so erfolgreich."
Michael Jordan

Wussten Sie, dass der legendäre General-Motors-Forschungschef Charles Kettering über sich selbst sagt, dass von den mehr als 300 Patenten, die er anmeldete, 99 Prozent nicht erfolgreich waren? Oder dass der IBM-Gründer Thomas Watson behauptet, dass für ihn der schnellste Weg zum Erfolg ist, die Fehlerrate zu verdoppeln? Oder dass der Internetriese Google ständig neue Angebote auf den Markt bringt, von denen die meisten allerdings total erfolglos sind und sich als Fehler entpuppen?

Jemand, der sein Leben so sehen kann, gewinnt immer: Hat er Erfolg, gewinnt er an Selbstbestätigung, erfährt er eine Niederlage, gewinnt er an Lebenserfahrung. Eigentlich sollte man einige seiner persönlichen Pleiten feiern, denn sie zeigen, dass man sich in einem Wachstumsprozess befindet – frei nach dem Motto: „Zelebriere deine Fehler."

Ohne die Bereitschaft, Fehler zu begehen, entwickeln wir uns nicht weiter, werden nicht kreativ und erreichen nicht unsere Exzellenz. Es fehlt einfach der Überraschungseffekt im Leben. Aus Fehlern kann man so viel für das Leben lernen, den Charakter und den Glauben reifen lassen und Gnade entwickeln – warum sollten sie also nicht zu unserem Leben gehören?

Ich möchte mit Ihnen ein paar Gedanken teilen, die uns helfen, Fehler als Partner zu gewinnen:

Fehler sind Fortschritte! Jeder Fehler, den Sie machen, ist eine Chance, sich weiterzuentwickeln und an sich, seinen Strategien, den Charakter und Glauben zu arbeiten.

Fehler sind okay! Gestehen Sie Fehler sich selbst und anderen gegenüber ein. Es ist okay, nicht okay zu sein! Diese Offenheit und Ehrlichkeit erfordert ein gewisses Maß an (De)Mut. Aber Sie werden sehen, wie sich Ihr Leben langfristig positiv verändert.

Fehler sind Lernfelder! Legen Sie sich etwas wie ein „Fehlertagebuch" zu, um den größtmöglichen Nutzen aus Ihren Fehlern zu ziehen. Es ist okay, Fehler zu begehen, aber Sie müssen diese ja nicht Ihr Leben lang wiederholen.

Fehler anderer vermeiden eigene Fehler! Lernen Sie aus den Fehlern anderer, denn man muss nicht jeden Fehltritt selber begehen, um daraus zu lernen. Aber gehen Sie mit den Fehlern der anderen genauso gnädig um, als hätten Sie diese selbst begangen.

Wenn es darum geht, eine positive und gnädige Einstellung zu Fehlern zu entwickeln, muss ich an die Geschichte des neuseeländischen Bergsteigers Sir Edmund Hillary denken. Nach mehreren erfolglosen Versuchen, den Gipfel zu erklimmen, stand er am Ende wieder einmal am Fuß des Berges, um einen erneuten Anlauf zu nehmen. Die geballte Faust in die Luft gestreckt rief er dem Mount Everest zu: „Ich werde dich besiegen! Du kannst nicht größer werden, aber ich werde es tun." Hillary war der erste Mensch überhaupt, der den höchsten Berg der Welt erklomm, denn er erkannte, dass es nicht der Berg war, den es zu bezwingen galt, sondern die Fähigkeit zu entwickeln, aus Fehlern zu lernen.

„Erfolg bedeutet, von Fehler zu Fehler zu gehen, ohne dabei seinen Enthusiasmus zu verlieren."
Winston Churchill

Es ist wichtig, aus Fehlern zu lernen, denn oft beinhalten sie große Konsequenzen für uns und unsere Mitmenschen. Ich möchte nicht wissen, wie viele Personen nach einer durchzechten Nacht in Las Vegas spontan geheiratet haben und dies schon am nächsten Morgen bitter bereut haben und wahrscheinlich auch teuer bezahlen mussten. Überschlagen Sie die Kosten, führen Sie sich die Konsequenzen eines möglichen Fehltritts vor Augen. Laufen Sie nicht blauäugig durch die Welt, vermeiden Sie die Fehler, die Sie und Ihre Mitmenschen ernsthaft schädigen könnten. Und seien Sie bereit, sich bei Menschen zu entschuldigen und Verschuldetes wenn möglich wieder gut zu machen. Aber wenn Sie all das getan haben, steht Ihnen auf dem Weg, eine positive Einstellung zu Ihren Fehlern zu gewinnen, nichts im Wege. Denn wenn Sie Ihr Leben nicht einfach nur für etwas Durchschnittliches opfern wollen, dann müssen Sie bereit sein, Fehler zu begehen.

Fehler weisen den Weg zur Gnade

Ich verrate Ihnen ein Geheimnis: Eigentlich ist dieses Buch nicht das erste, was ich schreiben wollte. Seit vielen Jahren liegt mir ein ganz anderes Thema auf dem Herzen: LIEBE! Sicher wissen Sie, dass es kein Thema gibt, das öfter in Büchern, Filmen und Liedern behandelt wurde wie dieses. Warum braucht es dann noch ein weiteres Buch? Ich verrate es Ihnen: Weil es mich seit vielen Jahren zutiefst nervt (um es gelinde auszudrücken), Bücher zu sehen, die uns todsichere Rezepte und Strategien für Beziehung, Ehe und Liebe versprechen. Nicht, dass ich mich dagegen verwehre. Ganz im Gegenteil! Gerade bei so einem wichtigen Thema braucht es weise Worte. Dennoch glaube ich, dass es an Büchern fehlt, die uns von der Wahrheit erzählen, von unseren Kämpfen, Abenteuern, Zweifeln und unserem Scheitern. Büchern, die uns mit hinein nehmen in eine gnädige Haltung gegenüber uns und anderen. Die uns Raum zum Atmen geben, indem sie von Fehlern und Versagen berichten, anstatt uns Heldengeschichten zu präsentieren, die uns ehrfürchtig erstarren lassen (übrigens glaube ich, dass die sogenannten Helden einfach nur ein bisschen besser darin sind, ihre Fehler zu verstecken). So habe ich vor vielen Jahren gesagt, dass ich ein Buch schreibe werde mit dem Titel: „Von Flirten und Flitterwochen – die 1000 Wege, wie es nicht funktioniert!" Ich glaube fest daran, dass es in unserer Leistungsgesellschaft solche Bücher braucht, die Geschichten von fehlerhaften Menschen erzählen und uns damit Hoffnung geben. Die uns das Gefühl vermitteln, dass wir nicht alleine sind und uns helfen (um es mal poetisch auszudrücken), unser Kleid der Scham gegen das von Würde und Gnade auszutauschen. Ich bin fest davon überzeugt, dass Bücher wie diese uns zum Leben führen.

Die eigenen Fehler zu akzeptieren und offenzulegen ist übrigens auch der Weg, Gott kennenzulernen und im Glauben zu wachsen (die Bibel nennt diese Haltung „Gnade").

„Alles, was du brauchst, ist in Gottes Liebe und Gnade zu dir vorhanden. Gott kann am besten durch Leute wirken, die wissen, dass sie Gott brauchen."

2. Korinther 12, 9 (Bibel – eigene Übertragung)

Das, was uns von Gott trennt sind, meistens unsere Selbstgerechtigkeit und unser Perfektionismus. Die Selbstgerechtigkeit tut es, indem sie uns sagt, dass wir gut genug sind und keinen Gott brauchen, der uns erlöst und uns unsere Fehler und Sünden vergibt. Der Perfektionismus tut es, indem er uns das Bild eines leistungsorientierten Gottes vorgaukelt, dem wir uns mit guten Werken nähern könnten. Stattdessen ist der Weg der Bibel ein total anderer. Es geht darum, unsere Fehler als Chance zu sehen, Gottes „unverdienbares Geschenk", seine Gnade, anzunehmen und als das zu erkennen, was uns in die Beziehung zu Gott treibt und uns darin hält. Wir werden Gottes Kinder durch „seine Gnade", und nur als begnadigte Menschen werden wir fähig, auch anderen Menschen gnädig zu begegnen.

Wenn Sie glauben, dass Gott Sie trotz Ihrer Fehler liebt, einfach, weil er sich dazu entschlossen hat, dann lässt es sich gut leben. Henry wurde in „50 erste Dates" mit all seinen vergeblichen Versuchen, Lucys Herz zu erobern zu einem wirklichen Experten darin, Krisen als Chancen zu sehen. Wollen Sie auch weiterkommen und Ihre Fehler als Partner zum Leben und Glauben mit ins Boot nehmen?

DER WEG

Schritt 1: **Begegnen Sie Fehlern positiv!**

Entwickeln Sie Stück für Stück ein positives Bild von Fehlern! Umarmen Sie Ihre Fehler. Akzeptieren Sie, dass Fehler zum Leben gehören. Sagen Sie sich, dass Fehler nicht das Problem sind, sondern der Umgang mit ihnen. Betrachten Sie Fehler als Schlüssel zum Fortschritt, ja sogar als Notwendigkeit, um mit Ihrem Leben Bedeutendes zu erreichen.

Schritt 2: **Lernen Sie aus Fehlern!**

Richten Sie Ihren Fokus nicht auf Probleme, sondern auf Lösungen! Wenn Sie Fehler begangen haben, blicken Sie nicht zu lange zurück. Stattdessen schauen Sie nach vorne, indem Sie sich die Frage stellen, was Sie daraus lernen können, um den gleichen Fehler nicht noch einmal zu begehen. Sie können durch bloße Vorstellung so etwas wie Trampelpfade in Ihrem Gehirn anlegen. Stellen Sie sich vor, wie Sie das nächste Mal reagieren werden, wenn Sie in eine ähnliche Situation kommen, in der Sie schon einmal einen entscheidenden Fehler gemacht haben. Spielen Sie diesen Gedanken so lange durch, bis Sie sicher sind, dass Sie das nächste Mal anders reagieren werden.

Schritt 3: **Leben Sie unter der Gnade!**

Steigen Sie aus dem Kreislauf von Selbstgerechtigkeit und Verurteilung aus. Befassen Sie sich mit dem Gott der Bibel unter dem Gesichtspunkt seiner Gnade. Er liebt Sie wie Sie sind und möchte mit Ihnen eine liebevolle Beziehung führen, in der Sie Veränderung und Heilung erfahren. Lassen Sie sich auf Gottes Gnade ein. Nur ein begnadigter Mensch kann sich selbst und anderen gegenüber gnädig sein. Gehen Sie einmal in Gedanken an Momente Ihrer größten Fehler und Scham zurück und stellen Sie sich vor, wie sie Gott in genau diesem Moment in den Arm nimmt und sie einfach gern hat.

REFLEXION:

1. Haben Sie schon einmal so etwas wie in dem Film „50 erste Dates" erlebt, dass Sie immer wieder dieselben Fehler in bestimmten Situationen machen?

2. Was könnte ein neuer Weg, eine neue Strategie für diese Situation sein? Was wäre etwas, das Sie noch nicht ausprobiert haben und testen könnten?

3. Kennen Sie eine Gruppe von gnädigen Menschen, denen Sie sich anschließen können, um von Ihnen zu lernen, was es heißt, unter der Gnade zu leben? Gibt es Bücher, die Ihnen dabei helfen können?

GOOD WILL HUNTING

Die Kraft der Vergebung

„Du kannst nichts dafür! Nein, nein, nein, du
kannst nichts dafür! Du kannst nichts dafür."
Sean zu Will in „Good Will Hunting"

Good Will Hunting erzählt die Geschichte des faszinierenden jungen Mannes Will Hunting. Wie sein bester Freund Chuckie lebt Will in einem Arbeiterviertel Amerikas, in dem es rau zugeht. Will und seine Freunde ernähren sich von Gelegenheitsjobs, wenn sie nicht gerade in den Vorortbars herumhängen. Als er eines Tages in eine Kneipenschlägerei verwickelt wird, kann er sich vor Gericht nur aus einer drohenden Gefängnisstrafe rausreden, indem er verspricht, einen Psychologen aufzusuchen. Am Anfang können sich Will und sein Seelendoktor Sean nicht so richtig ausstehen. Will ist überhaupt nicht an den Sitzungen interessiert und versucht lieber, weiterhin vor seinen Problemen zu fliehen, anstatt sich ihnen zu stellen. Aber nach und nach entwickelt sich eine Art Freundschaft zwischen den beiden, und schließlich fängt Will an, sich in einer Therapiesitzung zu öffnen. Er erzählt von den tiefen Verletzungen der Vergangenheit und lässt seiner Trauer freien Lauf. Sean spricht Will zu, dass er nichts für seine Vergangenheit kann und ermutigt ihn, loszulassen und Vergebung anzunehmen. Will erfährt dadurch eine dramatische Veränderung.

Vergebung ist eines der wunderbarsten Geschenke! Es ist auch das Erfolgsgeheimnis von „Good Will Hunting", denn erst als Will lernte, sich selbst zu vergeben, konnte er eine gesunde Beziehung zu seinen Mitmenschen, Freunden und seiner großen Liebe aufbauen!

Sich selber vergeben

Vergebung startet immer damit, dass Sie lernen sich selbst zu vergeben! Kennen Sie das Gefühl, dass falsche Entscheidungen, die Sie im Laufe Ihres Lebens getroffen haben, immer noch eine Macht auf Sie ausüben? Wenn ja, dann kommen Ihnen diese Sätze vielleicht bekannt vor:

„Ich werde mir nie dafür vergeben können!"
„Ich wünschte, ich könnte noch mal neu beginnen!"
„Ich wünschte, ich könnte die Zeit zurückdrehen!"
„Ich weiß nicht, womit ich das verdient habe!"

Es gibt drei Wege, wie wir die Belastungen unserer Vergangenheit betrachten können:

1. Wir fressen sie in uns hinein, denken darüber nach und klagen uns und andere an, halten sie uns immer wieder vor Augen und umklammern sie fest. Als Resultat werden wir bitter, beginnen andere oder sogar uns zu hassen, leben in Schuldgefühlen, fallen in Apathie, Depression und Selbstzerstörung.

2. Wir geben sie nach außen. Die Trauer, die wir in unserem Leben haben, entlädt sich auf unsere Mitmenschen. Wutanfälle, Jähzorn und Moralismus begleiten uns. Weil wir selbst so verletzt sind, verletzen wir andere, weil wir uns selbst als Versager fühlen, zeigen wir anderen ihr Versagen, um das Leben für uns erträglich zu gestalten und einen Schutz vor weiteren Verletzungen aufzubauen.

3. Wir haben durch die Kraft der Vergebung einen Weg gefunden, die Tragödien unseres Lebens loszulassen. Wir sind mit unserer Vergangenheit versöhnt und befreit. Dabei machen wir nicht Schlechtes auf einmal gut, aber wir lassen etwas los, das wie ein böses Geschwür unser Leben zerstört.

Tun Sie sich und Ihren Mitmenschen etwas Gutes und vergeben Sie sich selbst. Sie allein können sich dafür entscheiden, frei zu werden oder weiter an dem Unrat der Vergangenheit festzuhalten. Im Film „Good Will Hunting" ist es folgendes Gespräch zwischen Will und seinem

Psychologen McGuire, in dem Will die Kraft der Vergebung an sein Herz lässt:

McGuire „*Du kannst nichts dafür.*"
Will: „*Ich weiß.*"
McGuire: „*Nein, Du kannst nichts dafür.*"
Will: „*Ich weiß.*"
McGuire: „*Nein, nein, du verstehst nicht. Du kannst nichts
dafür.*"
Will: „*Ja, ich weiß.*"
McGuire: „*Du kannst nichts dafür.*"
Will: „*Hören Sie auf.*"
McGuire: „*Du kannst nichts dafür.*"
Will: „*Lassen Sie mich in Ruhe, Mann: Fangen Sie jetzt
bloß auch nicht noch damit an.*"
McGuire: „*Du kannst nichts dafür.*"
Will: (Will fängt an bitterlich zu weinen) „*Oh mein Gott
– es tut mir alles so Leid.*"

Anderen vergeben

Wenn wir uns selbst vergeben haben, dann sollten wir
auch den Menschen vergeben, die uns verletzt haben.
Vergebung kann dazu führen, dass wir mit Menschen
versöhnt werden, aber kann genauso gut auch dazu führen, Beziehungen zu begrenzen oder sogar abzubrechen.
Jemanden zu vergeben bedeutet allerdings immer, dass
wir die betreffende Person freilassen, damit wir selbst
frei werden! Sie haben richtig gehört: Wenn wir anderen

vergeben, geht es in erster Linie um uns selbst. Nicht zu vergeben würde dazu führen, uns durch unsere negativen Gefühle an eine Person zu binden und dieser allmählich sogar ähnlicher zu werden. Bestimmt haben Sie schon davon gehört, dass viele Kinder, die von ihren Eltern geschlagen wurden und ihre Eltern ein Leben lang dafür hassten, später zu genau solchen Eltern wurden und ihre Kinder schlugen. Was für eine schreckliche Vorstellung, das zu werden, was wir hassen. Der einzige Ausweg aus dem Dilemma ist, Sie werden es ahnen, die Vergebung.

> *„Wenn du einem Menschen vergibst, lässt du einen Gefangenen frei, aber dann entdeckst du, dass der eigentlich Gefangene du selbst warst."*
> Lewis B. Smedes

Ich möchte Ihnen zehn Schritte zur Vergebung vorstellen und Sie einladen, sich diese Sätze für einen Monat lang jeden Morgen und Abend selber zuzusprechen. Glauben Sie mir, es wirkt wie eine MEDIZIN.

Zehn Schritte zur Vergebung

1. „Ich danke für die Personen, die mir selbst einmal vergeben haben."
2. „Ich danke Gott, dass er mir meine Fehler vergibt."
3. „Ich erinnere mich daran, dass Gott alle Menschen liebt."

4. „Ich bitte Gott um Hilfe, anderen zu vergeben."

5. „Ich entscheide mich zu vergeben, auch wenn ich mich nicht so fühle."

6. „Ich entwickle Mitleid mit den Menschen, die mich verletzt haben."

7. „Ich danke für eine gute Sache, die ich in der Person sehe, die mich verletzt hat."

8. „Ich werde vergeben, damit ich frei werde."

9. „Ich gebe das Recht auf, wütend zu sein und zu hassen."

10. „Ich sage zu mir selbst: Ich lasse los! Ich vergebe! Ich halte mir das Unrecht nicht mehr vor."

Die Kraft der Vergebung wirkt immer, unabhängig davon, ob und wie der andere reagiert. Ich weiß von einer Frau, die von Ihrem Vater missbraucht wurde und viele Jahre blanken Hass gegenüber ihrem Vater empfand. Eines Tages beschloss sie, frei zu werden und ihrem Vater zu vergeben. Sie wollte nicht körperliche und psychische Schäden ihres Hasses erleben und ihren Vater immer mit sich herumtragen, sondern ihren Vater loslassen. So schrieb sie ihm einen Brief, in dem sie ihm ihre Verletzung mitteilte und zum Ende ihre Vergebung aussprach. Die Frau berichtete von einer tiefen Freiheit, die sie seitdem erfüllte und einer neuen Geschichte, die mit ihr beginnen konnte. Es funktionierte sogar, obwohl sie diesen Brief niemals abschickte, denn ihr Vater war schon seit vielen Jahren tot. Die einzige Bedingung von Vergebung ist, dass wir es wollen! Ist das nicht genial?

Vergebung erfordert Stärke

Vergebung ist kein Zeichen von Schwachheit, sondern von Stärke! Lassen Sie es sich nicht einreden, dass Sie „der Dumme" seien, weil sie gut darin sind, anderen zu vergeben. Vergebung ist göttlich! Es ist ein Triumph über Tat und Täter, ein Sieg und niemals Schwäche. Nur wer stark ist, kann vergeben!

Eine der heftigsten Geschichten, die ich über Vergebung gehört habe, ist die der Jüdin Corrie ten Boom. Corrie wurde unter den Nazis 1944 zusammen mit ihrer Schwester Betsie in das KZ Ravensbrück deportiert. Viele Jahre nach dieser schrecklichen Gefangenschaft, in der sie auch ihre Schwester verlor, war Corrie als Sprecherin in einer Kirche eingeladen. Das Thema war Vergebung. Nach der Veranstaltung kamen wie immer Zuhörer nach vorne für Gebete oder auch kurze Gespräche. Auf einmal schreckte ten Boom zusammen, als sie in dem Mann, der sich gegen den Strom der Menschen durcharbeitete, einen der ehemaligen Wärter des KZs erkannte. Plötzlich waren die Bilder der Vergangenheit, Bilder der Scham, nackt an diesem Mann vorbeigegangen zu sein, der gebrechlichen Gestalt ihrer Schwester Betsie und des gesamten Leids dieser Zeit wieder präsent. Die Last der Vergangenheit drückte sie und ihr wurde klar, welche Macht die Geschehnisse noch über sie hatten. Und nun stand dieser Mann vor ihr und bat sie nach ihrem Vortrag um Vergebung. Eben noch hatte Corrie darüber gesprochen, dass diejenigen Menschen, die ihren früheren Feinden vergeben konnten, auch in der Lage waren, ihr Leben wieder aufzubauen, egal, welche körperlichen Narben sie trugen, und wann immer man das nicht tat, Bitterkeit Raum nahm und man als Invalide zurückblieb. Und nun stand dieser Mann da. Corrie ten Boom berichtet von einer Entscheidung des Willens, die ausgestreckte Hand des Mannes anzunehmen und „Ja" zur Vergebung zu sagen, um frei zu werden.

Viele Menschen wie Corrie ten Boom haben die Kraft der Vergebung erfahren, und wenn sie das konnten, können Sie das auch!

> *„Als Gott mir vergeben hat, dachte ich mir, ich*
> *sollte das vielleicht auch tun."*
> Johnny Cash

Was motiviert Menschen wie Corrie ten Boom und Johnny Cash, sich selbst und anderen Menschen zu vergeben? Es ist zum einen der Wunsch, sich selbst etwas Gutes zu tun, frei zu werden, sowie den Tätern über unser Leben keine Kontrolle mehr zu gewähren. Es ist aber auch der Glaube an einen vergebenden Gott gewesen.

> *„Vater, vergib ihnen! Sie wissen nicht, was sie tun."*
> Jesus Christus, Lukas 23, 34 (Bibel)

Himmlische Vergebung

Viele Menschen kennen diese innere Stimme, die uns immer dann, wenn wir von Gottes großer Liebe und Vergebung hören, etwas zuflüstert wie: „So einfach geht es nicht! So einfach kommst Du nicht aus der Sache raus!" Als Jesus am Kreuz hing, bat er Gott nicht nur um Vergebung für die Menschen, die ihn verraten, verkauft und gekreuzigt hatten, sondern für alle Menschen, auch für uns. Sie haben richtig gehört, Gott ist bereit, Ihnen das gesamte Paket Ihrer Fehler, Schuld und Sünde zu vergeben. Wenn Gott Ihnen vergeben möchte, dann können Sie sich erst recht vergeben. Und wenn Sie sich vergeben haben, dann vergeben Sie den Menschen, die an Ihnen schuldig geworden sind.

DER WEG

Schritt 1: Akzeptieren Sie das Unrecht!
Ob Sie selbst jemandem eine Verletzung zugefügt haben oder verletzt wurden – Vergebung beginnt damit, die Sache nicht zu beschönigen. Machen Sie nicht Fünfe gerade und kehren Sie keine Verletzung einfach unter den Teppich. Nennen Sie das Unrecht beim Namen und sagen Sie sich und anderen, was Sie verletzt hat!

Schritt 2: Nennen Sie Unrecht beim Namen!
Versuchen Sie zu verstehen, was Sie dazu getrieben hat, den anderen oder sich selbst zu verletzten und so hart mich sich und anderen umzugehen. Versuchen Sie, sich in die Person hineinzuversetzen, die Sie so sehr verletzt hat. Warum hat es Sie so tief getroffen? Was hat die Person wohl dazu animiert? Wenn Sie sich selbst und andere besser verstehen, kann es leichter sein loszulassen.

Schritt 3: Vergeben Sie!
Wenn Gott das, was Er vergeben hat, beerdigt und Gras darüber wachsen lassen möchte, dann seien Sie nicht der Ochse, der die Wiese wieder abmäht. Vergeben heißt auch loslassen. Es heißt nicht, dass ich dem anderen gleich um den Hals fallen muss, und manchmal müssen Sie auf Ihre Grenzen achten und sich eingestehen, dass Sie die Nähe des anderen nicht ertragen können. Der Schritt, dem anderen zu vergeben, befreit Sie aber davon, weiter an die Verletzung und den negativen Einfluss

einer anderen Person gebunden zu sein. Es ist in erster Linie ein Akt, in dem Sie sich selbst etwas Gutes tun.

REFLEXION

1. Was denken Sie darüber, dass Vergebung immer damit beginnt, sich selbst zu vergeben? Was könnte Ihr „Du kannst nichts dafür" sein?

2. Wann haben Sie das erlebt, dass man ohne die Kraft der Vergebung die Verletzungen entweder in sich hineinfrisst oder nach außen kanalisiert, indem man andere verletzt?

3. Wie wollen Sie in Zukunft mit Verletzungen umgehen? Gibt es Menschen, die Ihnen ein Vorbild sind und von denen Sie lernen könnten?

GRAN TORINO

Krisen sind Möglichkeiten

„Soll ich dir was sagen, Kleine!? Du bist ganz in
Ordnung, aber was ist mit deinem unterbelichteten
Bruder? Hat der einen Schaden oder so was?"
Walt in „Gran Torino"

Gran Torino erzählt die Geschichte des Vietnam-Vete-
ranen Walt Kowalski. Mittlerweile in die Jahre gekommen, ist Walts Gesundheit nicht nur stark angeschlagen,
sondern er kommt auch nicht über den Tod seiner Frau
hinweg und ist darüber verbittert. Als in seine durch und
durch amerikanische Nachbarschaft vietnamesische Ein-
wanderer ziehen, kommt dazu noch sein Rassismus zum
Vorschein. So sind ihm seine neuen Nachbarn genauso
fremd wie die eigenen Kinder, die mittlerweile keinen
Zugang mehr zu dem launischen Eigenbrötler finden
und ihm tatsächlich das Seniorenheim als vorgezogenes

Paradies schmackhaft machen wollen. Walt fasst das als eine Beleidigung auf und sieht sich und sein Leben auf einem Abstellgleis. Er gerät in eine tiefe Krise. Seine einzige Hoffnung ist sein Ford Gran Torino, eine Erinnerung an seine Vergangenheit, den er mit aller Liebe pflegt. Eines Tages wird er Zeuge, wie die Kinder seiner vietnamesischen Nachbarn von einer Bande bedroht werden. Er schreitet mutig ein und kann dennoch nicht verhindern, dass er jetzt Teil eines großen Konflikts geworden ist. Anfangs noch gegen seinen Willen entwickelt sich eine Sympathie zwischen ihm und seinen Nachbarn, und so wird eine Gemeinschaft geschmiedet, in der Vorurteile und Missverständnisse weichen und die in einer tiefen und innigen Freundschaft mündet. Das, was sich aus der Krise entwickelt, ist etwas, das Walts Leben noch einmal auf großartige Weise verändern wird.

Mit dem Film „Gran Torino" scheint Clint Eastwood im Alter von 79 Jahren nicht nur noch mal einen Film gedreht, sondern eine Art filmisches Testament hinterlassen zu haben. Er hat selber Regie geführt, die Rolle des Hauptdarstellers übernommen. Man wird den Eindruck nicht los, als habe er in dem Film auch Parallelen seines eigenen Lebens eingebaut. Das Leben dieses großartigen Schauspielers schien am Anfang nämlich gar nicht glatt zu laufen. Aufgewachsen in der Zeit einer großen Wirtschaftskrise in den USA, wurde er von seinem Vater gezwungen, als Tankwart zu arbeiten, und lebte zeitweise bei seiner Großmutter. Er galt als schüchtern und introvertiert, besuchte zehn verschiedene Schulen und brach das College ohne Abschluss ab. Anschließend arbeitete er als Holzfäller, Heizer, Lagerarbeiter und Schwimmlehrer bei der Army. Man könnte sagen, dass er in seinem Leben von einer Krise in die nächste schlitterte, bis er schließlich über einen Freund als Nebendarsteller in Hollywood landete, wo schließlich seine großartige Karriere begann. Das, was man Clint Eastwood nachsagt, ist, dass gerade sein bewegtes Leben ihm dazu verhalf, dieser große Charakterdarsteller zu werden. Man könnte also sagen, dass ihn die Krisen durch wechselnde und schlecht bezahlte Jobs dazu brachten, der große Schauspieler zu werden, den Millionen Menschen bewundern.

Jeder Mensch wird in seinem Leben mehrere Krisen erleben. Von vorhersagbaren wie Pubertät, Midlife Krise oder den Wechseljahren, bis hin zu Ereignissen, die überraschend alles verändern können, wie Kündigung, Krankheit, Unfall oder Tod. Welche Krise ist Ihnen gerade am nächsten?

Krisen beinhalten Möglichkeiten

Das chinesische Wort für Krise beinhaltet die beiden Worte „Gefahr" und „Möglichkeit", denn es gibt eine Menge Chancen, die in Krisen liegen. So können sie uns aus der Gleichgültigkeit reißen, Kraftreserven wecken und einen neuen und besseren Weg offenbaren. Man lernt Alltägliches wieder zu schätzen, auf sich selbst und die eigene Gesundheit zu achten, den Glauben zu finden oder zu festigen. Wie kann aus einer Krise eine neue Chance werden?

Zuerst einmal müssen wir verstehen, dass sich eine Krise gewöhnlich in vier Phasen gestaltet:

1. Die Phase der Verleugnung: Wir wehren uns gegen die Krise, wollen Sie nicht wahrhaben und akzeptieren sie einfach nicht.

2. Die Phase des Aufbruchs: Wir sind machtlos, aber lassen Gefühle wie Angst, Hoffnungslosigkeit, Zweifel, Unsicherheit oder Wut zu.

3. Die Phase der Neuorientierung: Wir beginnen nach Auswegen und Lösungsmöglichkeiten Ausschau zu halten.

4. Die Phase des neuen Gleichgewichts: Wir haben die neue Situation akzeptiert und sind vielleicht sogar bereit, darin etwas Hilfreiches zu sehen.

Wissen Sie, was die Hauptgefahr ist, dass aus unserer Krise keine Chance werden kann? Es ist die, dass wir in den ersten beiden Phasen stecken bleiben und uns beispielsweise in eine Scheinwelt flüchten oder uns in Selbstmitleid verlieren.

Nehmen Sie sich Zeit für jede der vier Phasen, aber lassen Sie es nicht zu, dass Sie auf halbem Wege Wurzeln schlagen. Krisen haben eigentlich immer das Potential, dass eine neue Möglichkeit daraus erwachsen kann.

Darum können wir mit Krisen umgehen, wie wir es mit einem guten Freund tun würden: liebevoll, mit Verständnis und Rücksicht. Wir müssen anfangen, pessimistische und selbstbemitleidende Gedanken aufzugeben und durch hoffnungsvolle zu ersetzen. Dann wird ein *„Ich-komme-da-niemals-raus"*, *„Das-schaffe-ich-nie"*, *„Das-Leben-ist-zu-Ende"* verwandelt in ein *„Ich-werde-da-durchgehen"*, *„Warum-sollte-es-nicht-gelingen"*, *„Ein-Ende-ist ein-neuer-Anfang"*.

Vielleicht gibt es sogar Menschen in unserem Umfeld, die uns als Vorbilder dienen könnten, weil sie einer ähnlichen Situation ausgesetzt waren und diese überwinden konnten. Vor allem müssen wir an den Punkt kommen, an dem wir die Brille von der Nase nehmen, die unsere Probleme vergrößert und unsere Chancen verkleinert, um wieder einen realistischen und hoffnungsvollen Blick zu gewinnen. Da ist noch etwas, das passiert, wenn wir Krisen als Chancen sehen: Wir geben der Krise einen Sinn. Wir sind nicht länger Opfer, sondern können nach Möglichkeiten gucken, durch die Krise zu wachsen. Viele bedeutende Menschen der Weltgeschichte haben es nur deswegen so weit gebracht, weil sie durch schwere Zeiten positiv geprägt wurden und Tränen in Edelsteine verwandeln konnten.

*„Ich habe keine Angst vor den Stürmen, denn ich
werde lernen, wie man ein Schiff sicher segelt."*
Louisa May Alcott

Ein Mann ohne Arme und Beine

Wenn ich über Chancen in Krisen nachdenke, kommt
mir immer wieder die berührende Lebensgeschichte von
Nick Voicic in den Sinn. Lassen Sie mich kurz davon erzählen. Nick wurde 1982 in Melbourne ohne Arme und
Beine geboren. Man könnte also sagen, dass ihn das Leben ohne sein persönliches Verschulden mit einer großen
Krise empfing. Natürlich war es alles andere als einfach,
als er nach und nach entdeckte, dass er anders war als
seine Mitmenschen. Als er im Alter von 8 Jahren in der
Schule gehänselt wurde, fing Nick an, depressiv zu werden und dachte sogar darüber nach, sich das Leben zu
nehmen. Als er wieder einmal Gott inständig darum an-
flehte, ihm Arme und Beine wachsen zu lassen, bekam er
die Inspiration, Gott einfach zu danken, dass er am Leben
ist. Nick tat das immer und immer wieder und beschreibt
diese Erfahrung als den Wendepunkt in seinem Leben.
Vieles veränderte sich von der Neubewertung seiner Situation. Sein hartes Herz wurde zu einem dankbaren ge-
formt. Seine Augen wurden für die anderen Menschen
um ihn herum geöffnet, die es auch nicht leicht hatten.
Mit 17 Jahren schließlich startete Nick eine Organisation mit dem Namen „Das Leben ohne Arme und Beine".
Im Alter von 21 Jahren schloss er sein Studium in Rech-

nungswesen und Finanzplanung ab und seitdem ist er auf vielen Reisen als Motivationsredner und als Pastor aktiv. Ich kann Ihnen versichern, wenn Sie jemals die Gelegenheit haben, Nick zu sehen und zu hören, dann werden Sie tief ergriffen sein von der Kraft, die von ihm ausgeht. Sein Lieblingsthema ist: „Egal was das Leben Ihnen anbietet, stehen Sie immer wieder auf und beenden Sie das Leben stark."

> *„Das eine aber wissen wir: Wer Gott liebt, dem dient alles, was geschieht, zum Guten."*
> Römer 8, 28a, Hoffnung für alle (Bibel)

Gottes Hilfe in Krisen

Krisen, ob körperlich, geistlich oder seelisch, gehören unvermeidlich zu unserem Leben als Menschen. Sie treffen uns meistens unvorbereitet, oft hinterlassen sie tiefe Narben und bereitet uns Not und Leiden. Doch es gibt eine gute Nachricht: Trotz allem können wir mit Gottes Hilfe erleben, wie wir nicht nur die Krisen überleben, sondern große Chancen in ihnen entdecken und uns Krisen letztendlich sogar zum Guten dienen werden.

Nehmen Sie Ihre Krise ernst, denn Gott tut das auch und will Ihnen sogar helfen, diese zu tragen. Vielleicht wird Gott Ihre Probleme nicht immer sofort lösen, aber er wird Ihnen helfen, durch schwierige Zeiten zu gehen. Sie haben mit Gott einen verlässlichen Freund, der fühlen kann, wie es Ihnen in diesen Zeiten gehen mag. Können Sie sich vorstellen, was es für Jesus bedeutet haben muss, den Himmel zu verlassen und als Mensch auf diese Welt zu kommen, um in der Blüte seines Lebens nackt ans Kreuz genagelt zu werden, um einen schändlichen Tod zu sterben? Gott nimmt Ihre Krisen ernst und möchte Ihnen helfen, die Last dieser Zeit zu tragen, damit Sie nicht in einer der ersten beiden Phasen stecken bleiben müssen, sondern damit auch aus Ihrer Krise ein Chance werden kann, ja, dass Sie wie Walt sogar dem Tod als neue Chance begegnen können. Wie können aus Ihren Krisen Chancen werden?

DER WEG

Schritt 1: **Bereiten Sie sich vor!**

Sie können nicht vermeiden, dass Krisen kommen, aber Sie können sich vorbereiten. Machen Sie sich Gedanken und wenn möglich Notizen, wie Sie in zukünftigen Krisen reagieren wollen.

Schritt 2: **Machen Sie sich hoffnungsvolle Gedanken!**

Vermeiden Sie negative Gedanken und Übertreibungen. Wenn Ihnen alles genommen wurde, haben Sie immer noch etwas. Erinnern Sie sich daran, wie Sie in der Vergangenheit Krisen bewältigt haben. Lesen Sie Ratgeber und Biographien von Menschen, die aus einer schwierigen Situation herausgekommen sind. Vertrauen Sie sich Freunden an, die Sie ermutigen und Ihnen ebenfalls eine neue Perspektive vermitteln können.

Schritt 3: **Gehen Sie kleine Schritte!**

Der Schmerz der Krise ist oft so überwältigend, dass Sie sich vielleicht nicht vorstellen können, ihn Ihr Leben lang aushalten zu können. Sagen Sie sich immer wieder Sätze wie: „Heute kann ich es schaffen, „Was kann ich heute für mich tun?"

Schritt 4: **Suchen Sie eine neue Perspektive!**

Sobald Sie der Krise einen Sinn für Ihr Leben geben, fühlen Sie sich nicht mehr als das Opfer der Krise, sondern ihr Gestalter. Sie können nicht alle Krisen verhindern, aber Sie haben es in der Hand, wie Sie die Krise bewerten und was Sie mit Ihnen macht. Machen Sie sich auf die Suche nach dem Positiven, das Ihre Krise für Sie haben könnte.

Schritt 5: **Nehmen Sie die göttliche Hilfe in Anspruch!** Vertrauen Sie sich in der Krise Gott und seiner übernatürlichen Hilfe an. Bitten Sie Gott um Hilfe und Sie werden immer eine Antwort bekommen. Entweder er hilft in Ihrer Krise, indem er das Problem löst, oder er gibt Ihnen seine tröstende und mitfühlende Gegenwart. Beides wird Ihnen helfen.

REFLEXION

1. Wenn Krisen zum Leben gehören, wie könnten Sie sich auf die Krisen der Zukunft vorbereiten?

2. Mit welchen Methoden haben Sie Krisen früher gemeistert, und meinen Sie, dass Sie diese auch in der Zukunft anwenden könnten?

3. Welche weisen und positiven Freunde haben Sie um sich herum, denen Sie sich in Krisenzeiten mitteilen können, die Sie in Ihrer Krise wertschätzten und die Fähigkeit haben, Ihnen neue Perspektiven zu vermitteln?

ÜBUNGEN ZU KAPITEL 3

Das Leben in Bewegung halten

Diese Übungen werden uns helfen, uns leichter mit Veränderungen im Leben anzufreunden. Fangen Sie da an, wo Sie stehen. Als Einsteiger, Fortgeschrittener oder als Experte.

1. Übung für Einsteiger:

a) Auf der Rolltreppe einmal in die entgegengesetzte Richtung rennen.

b) Leute umarmen, die es überhaupt nicht erwarten.

c) Ein Lied vor Menschen singen.

d) Einen Tanz tanzen, den man nicht gelernt hat.

2. Übung für Fortgeschrittene:

a) Etwas tragen, was man sonst nie anziehen würde.

b) Traditionen brechen (z.B. Feste/Geburtstage einmal ganz anders gestalten).

c) Die fremde Kassiererin im Supermarkt in die Augen gucken und fragen, wie es ihr geht und ihr Tag bisher war.

3. Übung für Erfahrene:

a) Etwas kreieren und veröffentlichen (ein Buch schreiben, ein Lied komponieren, ein Möbelstück entwerfen).

b) Den Beruf verlassen und seinem Traum folgen.

c) An ein Wunder glauben und dafür beten.

Freude

KAPITEL 4

Freude – Wie kann ich das Leben lieben?

„Ein Leben ohne Freude ist wie eine weite Reise ohne Gasthaus."
Demokrit

Wie lieben wir die Zeiten, die Freude pur in uns auslösen: Dazu gehören sonnige und unbeschwerte Tage, Momente der Anerkennung, Ermutigung und positive Anlässe, an denen wir Erfolge feiern. Zeiten wie diese erquicken unsere Seele und schenken uns Hoffnung und Lebensqualität, sie füllen unseren emotionalen Tank und lassen uns das Leben lieben. Ich bin davon überzeugt, dass wir es auf der Reise zum Leben nicht aus den Augen verlieren sollten, das Leben zu lieben: Denn das Leben ist dazu da, geliebt zu werden! Es ist wichtig, dass wir uns Pläne für die Zukunft setzen und aus der Vergangenheit lernen, aber es ist keine gute Idee, die Freude auf das Morgen zu verschieben und an den wunderbaren Momenten der Gegenwart achtlos vorbeizugehen.

Genießen Sie das Wochenende, ohne dass Sie schon an den Montagmorgen denken müssen? Machen Sie Pausen, um den Sonnenuntergang zu bestaunen oder den Geruch von frischem Gras aufzunehmen? Wissen Sie noch wie es ist, ein gutes Essen oder einen guten Kaffee zu genießen?

Wann haben Sie das letzte Mal einfach eine Freude über Ihr Leben empfunden? Nicht, weil Ihnen etwas gelungen ist, sondern einfach nur so? Die Bibel sagt nicht umsonst, dass wir von den Kindern lernen sollten. Sie haben nicht nur einen leichteren Zugang zum Glauben, sondern verstehen auch eine Menge mehr davon, sich an den Dingen des Lebens fernab von Leistungsgedanken zu erfreuen.

Die gute Nachricht ist: Das Leben zu lieben ist erlernbar. Es hat nichts mit unseren Umständen zu tun, sondern mit der Perspektive, mit der wir auf unser Leben blicken. Als ich einmal mit einer Freundin im Sommer spazieren ging, fing es plötzlich an zu regnen. Ich begann schon, mich zu ärgern, als sie plötzlich sagte, wir könnten uns doch freuen, dass wir in diesem Moment vom Himmel berührt würden. Sie hatte Recht und seitdem liebe ich den warmen Sommerregen. Sind Sie eng mit dem Leben in Verbindung? Haben Sie Freude am Leben? Ich lade Sie ein, mit mir zusammen in einige Aspekte der Freude einzutauchen.

FORREST GUMP

Die Kraft der Gelassenheit

„Das Leben ist wie eine Schachtel Pralinen, man weiß nie, was man bekommt."
Forrest Gump in „Forrest Gump"

Der Film „Forrest Gump" erzählt eine rührende Geschichte des gleichnamigen Titelhelden. Das Schicksal meint es nicht besonders gut mit ihm. Er ist nur mit einer geringen Intelligenz ausgestattet, dazu muss er wegen eines Wirbelsäulenleidens von klein auf Beinschienen tragen. So ist er als Kind nicht nur ein langsamer Denker, sondern auch ein langsamer Läufer und somit ein leichtes Opfer für seine Altersgenossen. Mut macht ihm nur seine Freundschaft mit der kleinen Jenny, die als einzige zu ihm hält, sowie seine resolute, willensstarke Mutter, die fest entschlossen ist, ihrem Sohn alle Chancen im Leben zu eröffnen. Umso erstaunlicher ist es, was

Forrest alles erreicht. Er schwingt sich förmlich durchs Leben und eilt von Erfolg zu Erfolg. Ob als Footballspieler, Soldat, Sportler oder Geschäftsmann: Alles, was er anpackt, wird am Ende trotz der widrigsten Umstände gelingen. Forrest ist einfach nicht aus der Ruhe zu bringen und hat eine unglaubliche Gelassenheit, die ihm eine große Kraft verleiht und ihn zu einem Menschen macht, der sein Leben liebt.

Wie schön ist es doch, wenn wir fleißig sind, alle unsere Fähigkeiten und Kräfte in die Waagschale werfen und am Ende des Tages unseren Kopf in das Kopfkissen drücken und aus voller Überzeugung sagen können: „Ich habe heute alles getan, was ich konnte. Jetzt geschieht es oder eben nicht."

Der Film „Forrest Gump" weckt in uns die tiefe Gewissheit, dass, was auch immer unsere Lebensaufgabe ist, wir die Fähigkeit entwickeln können, diese mit einer inneren Gelassenheit anpacken zu können. Leider ist die Realität oft anders. Emotionale Belastungen wie Stress, Überarbeitung, Drucksituationen, Burn-out bis hin zur Depression nehmen immer mehr zu. Immer mehr Menschen leiden an Nervosität und Anspannung, Schweißausbrüchen, Herzrasen, stressbedingten Hautirritationen und Atembeschwerden.

Anstelle zu leben werden wir gelebt und es fällt uns schwer, das Leben zu lieben. Es gibt eine gute Nachricht: Alles, was wir am Anfang brauchen, ist mehr Gelassenheit!

„Der Weg zum Glück besteht darin, sich um nichts zu sorgen, was sich unserem Einfluss entzieht."
Epiktet, Der Schlüssel zur Gelassenheit

Das Leben ist ein Geschenk

Der Philosoph Epiktet war schon vor etwa 2000 Jahren zutiefst davon überzeugt, dass der Mensch die Dinge, die er nicht beeinflussen kann, akzeptieren muss, um das Leben zu lieben und glücklich zu sein. Diese Erkenntnis erinnert mich an den alten Brauch, die Kerzen des eigenen Geburtstagskuchens auszublasen. Können Sie sich noch daran erinnern? Mit Leidenschaft füllt man seine Lungen bis zum Rand mit Luft, um anschließend einen geballten Atemzug kräftig über die Kerzen fegen zu lassen. Um Ihnen ein kleines Geheimnis zu verraten: Ich liebe den Moment auch heute noch. Doch viele von uns wissen nicht, dass hinter diesem Brauch die Dankbarkeit über das Geschenk des Lebens steckt. Denn nur fünf Minuten ohne Sauerstoff in unseren Lungen würde unser Leben für immer dramatisch verschlechtern oder gar beenden. Das Leben ist wahrlich ein Geschenk!

Wenn wir uns anhand des Atmens bewusst machen, dass wir so wenig von den existenziellen Dingen unseres Lebens in der Hand haben, dann fällt es uns vielleicht leichter, gelassener zu werden. Denken Sie nicht.

Als einen der gelassensten Menschen, die ich kenne, würde ich einen guten Freund von mir beschreiben. Scherzhaft habe ich schon oft zu ihm gesagt, dass er selbst auf der Titanic nicht aus seiner tiefen Ruhe gekommen wäre. Ich bin mir sicher, er hätte selbst auf einem untergehenden Schiff im Eismeer noch etwas Positives gesehen und wäre total besonnen geblieben. Es scheint ihn einfach nichts aus seiner Gelassenheit zu bringen. Wenn es ihm an etwas fehlt, dann übt er sich in Zufriedenheit, wartet geduldig oder wird auf einmal beschenkt. Er ist glücklich verheiratet, hat zwei Kinder und ist für mich der Forrest Gump meiner Welt.

„Gelassenheit ist eine anmutige Form des Selbstbewusstseins."
Marie von Ebner-Eschenbach

Gelassenheit ist erlernbar

Wie ist das aber nun ganz praktisch mit der Gelassenheit? Ist das eine angeborene Eigenschaft oder können wir sie erlernen? Beides! Sicher ist sie zum einen persönlichkeits- und typbedingt, andererseits lässt sie sich auch ein ganzes Stück weit erlernen und trainieren. Es gibt etwas, das ich als „Wer-weiß-wozu-es-gut-ist Mentalität" beschreibe. Halten Sie sich vor Augen, dass Sie niemals wissen, wozu uns die Konflikte unseres Lebens eines Tages dienen können. Umwege können dazu führen, unbekannte Orte zu entdecken und zerplatzte Träume Raum für etwas Neues geben. Sagen Sie sich öfter mal ein „Wer-weiß-wozu-es-gut-ist."

„Ein alter Mann lebte zusammen mit seinem einzigen Sohn auf einer kleinen Farm. Sie besaßen nur ein Pferd, mit dem sie die Felder bestellen konnten. Sie kamen gerade so über die Runden. Eines Tages lief das Pferd davon und die Leute im Dorf kamen zu dem alten Mann und riefe: ‚Oh, was für ein schreckliches Unglück!‘ Der alte Mann erwiderte aber mit ruhiger Stimme: ‚Wer weiß …, wer weiß schon, wozu es gut ist?‘ Eine Woche später kam das Pferd zurück und führte eine ganze Herde wunderschöner Wildpferde mit auf die Koppel. Wieder kamen die Leute aus dem Dorf: ‚Was für ein unglaubliches Glück!‘ Doch der alte Mann sagte wieder: ‚Wer weiß …, wer weiß schon, wozu es gut ist?‘ In der nächsten Woche machte sich der Sohn daran, eines der wilden Pferde einzureiten. Er wurde aber abgeworfen und brach sich ein Bein. Nun musste der alte Mann die Feldarbeit allein bewältigen. Und die Leute aus dem Dorf sagten zu ihm: ‚Was für ein schlimmes Unglück!‘ Die Antwort des alten Mannes war wieder: ‚Wer weiß …, wer weiß schon, wozu es gut ist?‘ In den nächsten Tagen brach ein Krieg mit dem Nachbarland aus. Die Soldaten der Armee kamen in das Dorf, um alle kriegsfähigen Männer einzuziehen. Alle jungen Männer des Dorfes mussten an die Front und viele von ihnen starben. Der Sohn des alten Mannes aber konnte mit seinem gebrochenen Bein zu Hause bleiben. ‚Wer weiß …, wer weiß, wozu es gut ist.‘ Nun wussten sie ja, wozu es gut war.“ („Way of the Peaceful Warrior“ von Dan Millman)

Gelassenheit entsteht durch Loslassen

Wer sich einredet, dass man nur dann gelassen sein kann, wenn man besonders begabt, gebildet und gut bezahlt ist oder weil man eine schöne Frau oder einen gutaussehenden und erfolgreichen Mann geheiratet hat, der macht sich selbst etwas vor. Die beneidenswertesten Umstände machen uns höchstens nach außen hin gelassen. Immer wieder höre ich von gesunden und intelligenten Menschen, die von großem Erfolg in der Firma, einem wunderschönen Partner, tollen Kindern erzählen, aber in sich eine große Spannung oder sogar Angst verspüren und ihr Leben überhaupt nicht genießen können.

Gelassenheit startet nicht damit, mehr zu haben, sondern im Loslassen. Was könnte das sein, das wir auf dem Weg zur Gelassenheit loslassen sollten?

Übertriebene Erwartungen loslassen!

Ein Fisch kann jahrelang noch so verbissen darum kämpfen, er wird niemals über das Land hüpfen wie ein Känguru. Und ein Känguru wird auch niemals die Weiten des Meeres erkunden. Gelassenheit entsteht mit einer realistischen Einschätzung über sich und das Leben und dem Loslassen von übertriebenen Erwartungen.

Angst vor Kritik loslassen!

Stellen Sie sich einmal vor, jemand würde Ihnen Gemeinheiten und unreife Kritik an den Kopf werfen und Sie würden einfach mit den Schultern zucken und denken: „Schade, dass du so denkst. Aber das ist nicht mein

Problem, sondern deines." Wie wäre es, wenn Sie so mit Anschuldigungen umgehen könnten? Wie wäre es, wenn Sie gesunde Kritik grundsätzlich wertfrei betrachten und sich die nützlichen Teile aus den Kommentaren Ihres Gegenübers herausfiltern und diese für sich nutzen?

Negative Gefühle loslassen!
Nicht das, was uns Negatives widerfährt, lässt uns innerlich brodeln, sondern die Art, wie wir darüber denken und welche Gefühle dadurch entstehen. Wenn uns jemand respektlos behandelt, dann können wir das nicht verhindern. Aber anstatt unserer inneren Wut Raum zu geben, könnten wir durch unsere Gedanken Mitleid für die Person empfinden. Ich gebe zu: Es ist eine Übungssache. Es gibt sogenannte Coolness-Gedanken, die wir trainieren können, um uns gelassener zu machen: „Wird es mein Leben bereichern und geht es mir besser, wenn ich mich aufrege?", „Muss ich mich auf die Stufe dieser Person stellen oder könnte ich mit Gelassenheit Stärke demonstrieren?", „Was muss in dem Menschen an Selbstkritik sein, dass er so etwas nach außen trägt?"

Humor bringt eine heitere Gelassenheit

Humor ist eine der besten Methoden, sich nicht jeden Problemschuh anziehen zu müssen. Es mag zwar sein, dass manche Menschen nicht von Natur aus mit Humor gesegnet sind, aber man kann seine eigene Art von

Humor entwickeln. Vielleicht dadurch, dass wir lernen auf eine humorvolle Art zu übertreiben („Wenn Blicke töten können, wäre ich schon fünfmal gestorben"), durch Untertreibung („Der Burn-Out ist die Art und Weise, wie mir Gott sagt, dass ich kürzer treten sollte"), durch Umkehrung („Wenn du ein Heuchler sein willst, solltest du es damit wenigstens ehrlich meinen") oder indem wir die Brisanz aus der Sache nehmen, indem wir freundlich und lächelnd sagen, dass wir darüber noch mal nachdenken. Und es gibt nichts Herrlicheres als über sich selbst lachen zu können: Über unsere kleinen und großen Fehler, unsere Ecken und Kanten. Wir sollten diese nicht nur notgedrungen zugeben, sondern spielerisch damit umgehen, sie immer wieder einflechten und darüber schmunzeln können. Wir dürfen nicht erwarten, dass unser Humor von jedermann begrüßt wird, aber wenn er von Herzen kommt, wird er unweigerlich ein Band zu unseren Mitmenschen knüpfen. Humor ist eines von Gottes Geschenken auf unseren Weg zur Gelassenheit.

In „Forrest Gump" entwickelt Forrest eine fröhliche Gelassenheit, mit der er im Laufe seines Lebens Dan und Bubba in seinen Bann zieht. Lassen auch Sie sich von der Kraft der Gelassenheit inspirieren.

„Zerbrecht euch also nicht mehr den Kopf mit Fragen wie: Werden wir genug zu essen haben? Und was werden wir trinken? Was sollen wir anziehen? Mit solchen Dingen beschäftigen sich nur Menschen,

die Gott nicht kennen. Euer Vater im Himmel
weiß doch genau, dass ihr dies alles braucht. Sorgt
euch vor allem um Gottes neue Welt, und lebt nach
Gottes Willen! Dann wird er euch mit allem ande-
ren versorgen. Deshalb sorgt euch nicht um morgen
– der nächste Tag wird für sich selber sorgen! Es ist
doch genug, wenn jeder Tag seine eigenen Lasten
hat."
Matthäus 6, 31–34; (Bibel)

Es freut Gott, wenn unsere sorgenvolle und kritische
Haltung einer heiteren, freudigen und gelassenen weicht,
wenn wir einen Witz einbringen, Fehler mit Humor würzen und Macken nicht immer so ernst nehmen. Gott muss
Humor lieben – schauen Sie sich nur einmal uns Menschen an. Ich wette, dass er über viele unserer Witze lacht
und über unsere kleinen Missgeschicke warmherzig grinst.
Gott hält für jeden von uns das Geschenk der Gelassenheit
bereit, damit wir das Leben lieben können. An vielen Stellen der Bibel kommt zum Ausdruck, dass wir die Dinge,
die uns beschweren, bei ihm abgeben sollen, und der Geist
des Glaubens unsere Sorgengeister vertreiben will, dass wir
uns in Gottes Hand fallen lassen sollen. Wenn wir uns also
auf Gott stützen, dann ist Gelassenheit mehr als ein Loslassen, sondern auch ein Festhalten an einem allmächtigen
Gott, ein Akt, in dem unsere Sorgen, Probleme und Nöte
loslassen, um sie in Gottes Hände zu geben. Was für ein
Geschenk! Mit den folgenden Schritten können wir Gelassenheit in unserem Leben wachsen lassen:

DER WEG

Schritt 1: **Nehmen Sie das Leben als Geschenk!**
Machen Sie sich klar, dass Ihr Leben ein Geschenk ist.
Auch Sie haben die wichtigen Dinge des Lebens nicht in
der Hand. Gehen Sie aus der Kraft dieser Dankbarkeit in
den Tag. Hektik, Hysterie und Stress spiegeln eigentlich
meistens unseren Hang nach Kontrolle wieder. Lassen
Sie doch einfach die Vorstellung los, alles und jeden kon-
trollieren zu müssen.

Schritt 2: **Würzen Sie Ihr Leben mit Realismus!**
Oftmals hilft es uns, die Herausforderung mit etwas Di-
stanz zu betrachten. Atmen Sie erst ein paar Mal richtig durch, wenn Sie in einer schwierigen Situation sind.
Dann versuchen Sie mal eine Brise Realismus hineinzu-
bringen, indem Sie sich folgende Fragen stellen: Welche
Bedeutung wird das Ereignis noch in einem, in fünf oder
gar in zwanzig Jahren für Sie haben? Glauben Sie daran,
dass fast alle herausragenden Geschichten auf krummen
Lebenslinien geschrieben wurden. Durchbrechen Sie
Ihre Panik und gewinnen Sie Glauben in die Zukunft.

Schritt 3: **Gönnen Sie sich etwas!**
Seien Sie gut zu sich, indem Sie sich ausreichend Zeit
für Schlaf, eine gesunde Ernährung, Momente der Freizeit und des Sports gönnen. Machen Sie sich nicht über
etwas Sorgen, was noch gar nicht eingetroffen ist und
denken Sie positiv über die Zukunft.

Schritt 4: **Lassen Sie Sorgen los!**
Geben Sie Ihre überhöhten Erwartungen und Sorgen bei Gott ab und glauben Sie fest daran, dass er sich darum kümmern wird. Bitten Sie Gott, dass Sie die Dinge hinnehmen, die Sie nicht ändern können.

Schritt 5: **Bringen Sie Humor in Ihr Leben!**
Lachen Sie so oft es geht! Schauen Sie freundlich, das strafft nicht nur Ihre Gesichtsmuskeln, sondern streichelt auch Ihre Seele. Nehmen Sie Fehler und Missgeschicke von sich und anderen mit Humor und Charme.

REFLEXION

1. Haben Sie „Forrest Gumps" in Ihrem Freundes- oder Bekanntenkreis?

2. Glauben Sie, dass chronische Unruhe, Hysterie und Panikmache ihre Wurzeln in einem Kontrollzwang haben könnten?

3. Wie könnten Sie Rituale, wie das Ausblasen von Kerzen, in Ihr Leben einbauen, um Sie daran zu erinnern, dass das Leben ein Geschenk ist?

DAS DSCHUNGELBUCH

Die Kraft der Freundschaft

„Und wenn du hilflos draußen liegst, wer öffnet dir dann die Tür? Deine Freunde hier. Und gehst du traurig durch das Land. Wer reicht dir die Hand? Deine Freunde hier."
Balu zu Mogli in „Das Dschungelbuch"

Der Film „Das Dschungelbuch" erzählt eine der bekanntesten Geschichten über die Kraft der Freundschaft. Als Säugling geht Mogli seinen Eltern im Dschungel verloren und wird von einer Wolfsfamilie großgezogen. Freunde hat er genug: der schwarze Panther Baghira, der Bär Balu, die Python Kaa, seine Wolfsfamilie und nicht zuletzt der kleine rote Panda Kiki. Als er eines Tages wieder zurück in das Dorf der Menschen gebracht werden soll, entscheidet er sich für seine Freunde im Dschungel. Mogli wäre wahrscheinlich immer bei seinen tierischen

Freunden geblieben, hätte er nicht eines Tages ein Mädchen aus der Menschensiedlung gesehen und sich Hals über Kopf in sie verliebt. Als Mogli ihr in die Menschensiedlung folgt, sind seine Freunde zwar verwundert, freuen sich aber, dass nun jeder dort ist, wo er hingehört. Arm in Arm singen Balu und Baghira das bekannteste Lied aus dem Film, in dessen Refrain es heißt: „Probier's mal mit Gemütlichkeit."

Die Geschichte um den Menschenjungen Mogli aus dem Dschungel hat schon viele Herzen erwärmt und die Sehnsucht nach echter Freundschaft geweckt; und das Lied der vier ulkigen Geier über das Geschenk von Freunden ist sicher einer der Höhepunkte des Films. Wo sind die Balus und Baghiras in Ihrem Leben? Die Freunde, die zu Ihnen stehen und an Ihrem Wohlergehen interessiert sind?

In diesem Kapitel wird es darum gehen, echte Freundschaften entstehen zu lassen und zu pflegen.

Freunde sind wichtig

Wussten Sie, dass Freundschaften gesundheitsfördernde Wirkung haben und dass einsame Menschen oft sehr unglücklich sind? Dass Menschen, die viele Jahre in Einzelhaft eingesperrt waren, angeblich lieber täglich geschlagen werden wollen als weiter allein in einer Zelle zu sitzen?

Stellen Sie sich mal vor, Sie haben die Gelegenheit, zu einem Konzert Ihrer Lieblingsband zu gehen. Es ist wirklich eine große Nummer. Jemand wie U2, Robbie Williams oder die guten alten Rolling Stones. Sie haben einen hervorragenden Platz und Ihr Herz geht auf, als Ihr Star die Bühne betritt und „Ihre" Lieder aus den mächtigen Lautsprechern erklingen. Es braucht nicht viel und Ihr Herz wird von Freude erfüllt. Aber auf einmal merken Sie, dass etwas Entscheidendes fehlt: Es gibt dort keinen Freund, mit dem Sie Ihr Glück teilen könnten. Sie sind alleine, und obwohl es ein perfekter Moment ist, mindert das Ihre Freude ungemein, denn wir brauchen Freunde in unserem Leben, um die guten Momente des Lebens erst richtig genießen zu können.

> *„Mit Kummer kann man allein fertig werden, aber um sich aus vollem Herzen freuen zu können, muss man die Freude teilen."*
> Mark Twain

Man kann echte Freunde erkennen

Es ist unersetzlich, Freunde zu haben, die Ihre Erfolge mit uns feiern und in Krisen zuhören, ohne gleich ein Patentrezept parat zu haben. Leider erkennt man die wirklichen Freunde oft erst in Krisenzeiten. Es ist immer wieder überraschend, zu sehen, wer zu uns steht, wenn wir gerade ein Tal durchschreiten, weil wir beispielsweise berufliche

Probleme haben, die Ehe kriselt, der gute Ruf schwindet und nicht mehr viel da ist, was wir geben könnten.

Wahre Freundschaften sind in der Regel durch ein Geben und Nehmen gekennzeichnet. Es herrscht eine Leichtigkeit untereinander, in der Fehler schnell verziehen und Missverständnisse leicht geklärt werden können.

Freundschaften erhalten

Freundschaften sind äußerst kostbar und sollten wie alle kostbaren Dinge im Leben gepflegt werden. Zeit ist ein wesentlicher Faktor. Wir sollten uns immer wieder Freiräume schaffen, um mit unseren Freunden in Kontakt zu treten. Manchmal reicht schon ein kurzer Anruf, eine Karte zum Geburtstag und eine kurze Email und man spürt die Verbundenheit. Zur Pflege von Freundschaften gehört auch die Anstrengung, Krisen zu überwinden. Krisen entstehen auch in den besten Freundschaften, denn immer, wenn vertrauensvolle und tiefe Beziehungen vorhanden sind, dann ist da die Gefahr, sich gegenseitig zu verletzen. Ob eine Krise nur empfunden wird oder wirklich vorherrscht, ist dabei gar nicht mal entscheidend. Wir müssen auf unsere Freunde zugehen und das ansprechen, was wir nicht verstehen oder gar als verletzend empfinden. Wir sollten schnell dabei sein, uns zu entschuldigen und auf Vorwürfe zu verzichten. Es braucht manchmal nach einer Krise eine gewisse Zeit, bis die Gefühle wieder ins Lot kommen.

Trotzdem lohnt es sich, an den wahren Freundschaften unseres Lebens dranzubleiben.

„Freundschaft. Kostbarer als Gold. Reißfester als Garn. Spannender als ein Film. Verlässlicher als das Wetter, doch tief innen verletzlich, wie eine Kinderseele."
Gudrun Kropp

Während meines Studiums war ich für ein Jahr in den USA. Ich konnte dort eine Menge lernen, aber meine wohl wichtigste Lerneinheit habe ich außerhalb des Klassenzimmers bekommen. Es war eine Veranschaulichung von Freundschaft, die einen tiefen Eindruck bei mir hinterlassen hat. Am Ende meines letzten Semesters sagten mir meine neuen amerikanischen Freunde, dass Sie für mich eine Feier organisiert hätten. Als der Tag meiner Abschiedsfeier gekommen war, führten sie mich in einen geschmückten Raum und als ich diesen betrat, blickte ich in die Gesichter von zwanzig Studenten, die „NUR FÜR MICH" gekommen waren. Sie applaudierten, als sie mich sahen, und ich konnte die große Torte gar nicht übersehen, die dort in der Mitte auf mich wartete. Dann wurden mir Geschenke überreicht, unter denen sich auch ein kleines, selbstgemachtes Buch befand. Dieses Buch hüte ich heute noch wie einen Schatz, denn es ist voll von Freundschaftsbekundungen in Form von wertvollen Komplimenten und Wünschen mit der großen Überschrift: „Toby, du hast uns gesegnet". Sie können sich sicher vorstellen, wie wertvoll ich mich jedes Mal fühle, wenn ich dieses Buch zur Hand nehme und entdecke, dass es Menschen wie diese Freunde für mich gibt. Zu vielen von ihnen habe ich auch heute noch einen regen Kontakt.

MEINE FREUNDE!
Danke, dass ihr da seid, wenn ich euch brauche.
Danke, dass ihr mir vergebt, wenn ich versage.
Danke, dass ihr mich haltet, wenn ich strauchle.
Danke, dass ihr mich auffangt, wenn ich falle.
Danke, dass ihr mich nehmt, wie ich bin.
Danke, dass ihr mit mir lacht, wenn ich mich freue.
Danke, dass ihr mit mir trauert, wenn ich traurig bin.
Danke, dass ihr euch immer freut, von mir zu hören.
Ich danke euch, meine Freunde!

Die Freundschaft von Mogli und Balu in „Das Dschungelbuch" weckt die Sehnsucht nach wahren Freunden in unserem Leben. Können Sie selbst ein Balu werden und jemanden finden, der das auch für Sie ist? Freunde sind extrem kostbar, denn für die menschliche Seele gibt es nicht viel, was heilender und ermutigender ist. Die Bibel drückt an vielen Stellen die Kraft von Freundschaften aus:

„*Ein Freund steht allezeit zu dir, auch in Notzeiten hilft er dir wie ein Bruder.*"
Sprüche 17, 17 (Bibel)

Gott will unser Freund sein

Haben Sie Gott immer als jemanden gesehen, dem Sie sich in einer ängstlichen Weise nähern sollten? Dann werfen Sie dieses Bild über Bord. Nicht zuletzt wird sogar Gott als derjenige dargestellt, der unser Freund sein möchte. Das ist etwas, das mich unheimlich begeistert, denn das bedeutet, dass alle Kriterien, die in einer echten Freundschaft vorhanden sind, auch für die Beziehung mit Gott gelten. Klingt das nicht verlockend, dass Sie mit Gott eine Beziehung wie diese pflegen könnten? Natürlich bleibt es der allmächtige Gott, mit dem wir es zu tun haben. Aber es ist niemand, vor dem wir uns fürchten müssten und der nur in besonders heilige Momente gehört, sondern Gott ist unser Freund, der in unserem Alltag zuhause sein will und dessen Beziehung zu uns die kostbarste, verlässlichste und erfüllendste ist, die wir uns vorstellen können.

Wie sieht es mit den Freundschaften in Ihrem Leben aus? Haben Sie genug davon? Haben Sie gelernt, Freundschaften zu pflegen? Haben Sie schon einmal Gott als Freund gesehen und könnten Sie sich vorstellen, sein Freundschaftsangebot anzunehmen und die Beziehung mit Ihm auf der Basis einer Freundschaft zu führen?

DER WEG

Schritt 1: **Werden Sie ein Freund!**
Es scheint eine magische Verbindung zu geben zwischen dem, was wir suchen, und dem, was wir selber sind. Wenn Sie keine echten Freunde haben, dann warten Sie nicht, bis diese in Ihr Leben treten, sondern ergreifen Sie die Initiative und werden Sie für andere ein echter Freund oder echte Freundin. Werden Sie der Freund für andere, den Sie suchen!

Schritt 2: **Hören Sie zu!**
Zuhören ist der Schlüssel zu einer Freundschaft. Ich glaube, ein Grund, warum wir zwei Ohren haben, aber nur einen Mund, ist der, zu erkennen, dass hören wichtiger ist als zu reden. Richtiges Zuhören ist das mächtigste Werkzeug, um die Beziehungen zu anderen zu verbessern. Nur wenn Sie die Kunst des Zuhörens beherrschen, können Sie Ihr Gegenüber wirklich verstehen.

Schritt 3: **Ermutigen Sie!**
Werden Sie jemand, der andere ermutigt. Ich bin mir sicher, dass in unserer Kultur, die von negativen Meldungen, Leistungsdruck, Lästerei und Tratsch geprägt ist, nichts mehr gebraucht wird als echte Ermutigung. Die Welt dürstet nach Menschen, die in anderen das Potential sehen und ihnen helfen, weiter an sich zu glauben, trotz aller Fehlerhaftigkeit. Wenn Sie zu einem Experten für Ermutigung werden, dann werden Menschen um Sie herum aufblühen und Ihre Nähe suchen.

Schritt 4: **Lernen Sie, gnädig zu sein!**

Es ist vielleicht die tiefste Form von Freundschaft, Menschen zu haben, die unsere Fehler kennen und uns trotzdem lieben. Lassen Sie sich in die Hände Gottes fallen. Gott bietet uns durch Jesus Christus seine Gnade an. Nur wenn wir begnadigt sind, können wir auch gnädig mit anderen Menschen umgehen.

REFLEXION

1. Wenn Freundschaften so wichtig sind, wie viel investieren Sie dafür?

2. In dem Kapitel wird der Begriff „wahre Freundschaften" verwendet. Welcher Ihrer Freunde war auch in den sogenannten Regentagen bei Ihnen?

3. Welcher der zuvor genannten vier Schritte ist der, der Ihnen am leichtesten fällt und von dem Sie sich relativ schnell einen Unterschied versprechen könnten? Warum gehen Sie diesen nicht heute schon?

WALK THE LINE

Die Kraft der Liebe

„Ich hab' dich auf 40 verschiedene Arten gefragt, ob du meine Frau werden willst, jetzt möchte ich mal 'ne neue Antwort hören!"
Johnny zu June in „Walk The Line"

Johnny Cash wuchs mit seinem Bruder Jack in einem schwierigen Elternhaus mit einem alkoholkranken Vater auf. Während er Liedtexte auswendig lernt und mit seiner Mutter bei der Feldarbeit singt, lernt Jack Bibelverse auswendig, um eines Tages Priester zu werden. Durch einen schrecklichen Unfall kommt Jack ums Leben und nun wird es zu Hause für Johnny nur noch schlimmer. So flieht er von zu Hause, geht in die Armee und flüchtet sich in die Ehe mit Vivian. Tagsüber arbeitet er als Vertreter für Elektrogeräte, in seiner Freizeit spielt er in einer Band Gospelmusik und hofft auf einen Durchbruch als Musiker. Eines Tages bekommt Johnny die Chance, bei einem Musikproduzenten vorzuspielen. Es droht zunächst zu scheitern, bis Johnny einen eigenen Song zum Besten gibt. Dieser schlägt ein wie eine Bombe, was zu einem Plattenvertrag und Tourneen führt. Endlich hat er seinen großen Durchbruch als Musiker. Nur mit der Liebe gestaltet es sich schwierig, denn die Ehe ist zunehmend belastet. Auf einer seiner Touren lernt Johnny zufällig die Sängerin und Entertainerin June Carter kennen. Es ist eine Liebe auf den ersten Blick. Nachdem seine erste Ehe gescheitert ist, versucht er immer und immer wieder, an June heranzukommen, die ihn jedes Mal aufs Neue abblitzen lässt. Doch Cash bleibt hartnäckig. Trotz Krisen wie Alkoholismus und Drogenkonsum bleibt die Liebe und das Werben um June die große Konstante in seinem Leben. Der Film endet damit, dass Johnny Cash June auf der Bühne einen Heiratsantrag macht, den sie schließlich annimmt. Aus der Ehe der beiden entspringt eine Liebesbeziehung, die bis zum Lebensende anhält.

Sind wir nicht alle auf der Suche nach der Liebe unseres Lebens? Und würden wir nicht auch vierzig Mal versuchen, wie Johnny Cash das Herz unserer großen Liebe zu erobern?

Gott der Liebesexperte

Ich war einmal in einer bekannten Fernsehtalkshow zum Thema „Partnerschaftliche Liebe" eingeladen. Natürlich braucht man immer einen provozierenden Titel, um möglichst viele Fernsehzuschauer vor den Bildschirm zu locken, und so hieß die Sendung (ohne dass ich das vorher gewusst hätte) „Liebesrausch, ich will jede Frau". Da saß ich nun in der Probe. Vier Stühle besetzt von zwei Pärchen, die es mit der Treue ziemlich locker hielten und das Motto formulierten, dass sie alles ins Bett zögen, was nicht bei drei auf einem Baum ist. Direkt neben mir nahm ein Callboy, eine männliche Prostituierte, seinen Platz ein. Dann war da noch der Stuhl, auf dem ich Platz nahm. Ich, der damals angehende Pastor. Sie führten mich als letzten Gast in die Sendung. Das Publikum war bereits hochgeschaukelt, als ich mich in die Runde setzte und als der Moderator versuchte, mich mit einer Frage zu provozieren. So kam ich mir vor, als würde man mich einer wilden Horde Löwen zum Fraß vorsetzen. Mir war klar, dass ich wirklich einen guten Anfang bräuchte, um zumindest eine geringe Überlebenschance zu haben. Ich zog also ein kleines Buch aus meiner Hosentasche und las daraus folgendes vor: „Wie schön du bist! Deine Liebe macht mich glücklich. Deine Gestalt gleicht einer hohen Dattelpalme, und deine Brüste sind wie ihre Früchte. Ich will auf die Palme steigen und ihre reifen Früchte genießen. Freuen will ich mich an deinen Brüsten, die den Trauben am Weinstock gleichen. Deinen Atem will ich trinken, der wie frische Äpfel duftet; deine Lippen will ich spüren, denn sie schmecken mir wie edler Wein. Ja, möge der Wein dich erfreuen, dass du ihn im Schlaf noch auf den Lippen spürst." (Hohelied 7). Es war ein sehr poetischer und offener Vers über Liebe, Erotik und Sexualität. Der Moderator war begeistert und fragte mich, was das für ein Buch wäre und wie dieser Inhalt von einem Geistlichen verlesen werden könne? Nun, zu seinem Erstaunen sagte ich ihm, dass ich gerade aus der Bibel vorgelesen hätte. Natürlich zerbrach in diesem Moment sein Vorurteil über einen verstaubten und prüden Gott, und ich nutzte die wenigen Augenblicke seiner Sprachlosigkeit aus, um noch ein paar klärende Worte hinterher zu schieben. Ich sagte, dass der Gott der Bibel zugleich auch der Erfinder der Liebe ist und er darum auch eine Menge über alle Aspekte der Liebe, ja auch über Sex zu sagen habe. Ich brachte es sogar noch auf die Spitze, indem ich Gott in dem Zusammenhang den „Sexgott" nannte. Ich fand diesen Moment einfach herrlich und hatte nach der Sendung im Hotel noch sehr gute Gespräche mit dem Callboy und den beiden Pärchen über die Alternative, die ich über Liebe angeboten hatte.

Man kann die Liebe mit einem Feuer vergleichen, denn sie trägt wie das Feuer die Möglichkeit in sich, eine aufbauende oder zerstörerische Kraft zu sein. Es kommt einfach darauf an, den richtigen Umgang zu finden. Die Liebe ist schon ein Abenteuer!

> *„Wenn du mit dem Schiff fährst, bete einmal. Wenn du in den Krieg gehst, bete zweimal. Wenn du heiratest, bete dreimal."*
> Russisches Sprichwort

Liebe hat verschiedene Facetten

Um herauszufinden, wie wir die volle Kraft der partnerschaftlichen Liebe erfahren können, ist es fast unerlässlich, das Wort an sich genauer unter die Lupe zu nehmen. Liebe kann ja in der deutschen Sprache alles Mögliche bedeuten. Da sagen wir jemandem, wie sehr wir ihn lieben und fast im gleichen Atemzug sprechen wir davon, dass wir auch unser Auto, unser neues Kleidungsstück oder dass Hunde Chappi lieben. Im Hebräischen, der Sprache, in der das Hohelied der Bibel (das Buch, aus dem ich in der Sendung zitiert hatte) geschrieben wurde, kommen wir der Sache schon deutlich näher. Dort finden wir nämlich drei Worte für das, was wir mit Liebe meinen.

Liebe basiert auf Freundschaft

Das erste Wort, welches wir für Liebe finden, ist Raya. Es beschreibt die Liebe, die man auch unter Freunden hat. Raya ist die Liebe zu jemanden, mit dem man einfach gerne Zeit verbringt. Jemand, dem wir unser Herz mitteilen möchten, von dem wir uns akzeptiert fühlen, der uns so nimmt, wie wir sind. Ich finde es immer wieder bewundernswert, wenn ich alte Ehepaare über sich sagen höre, dass sie immer noch die besten Freunde sind. Das Fundament einer starken Liebesbeziehung sollte genau dieser freundschaftliche Aspekt der Liebe sein.

Liebe geht eine Verbindlichkeit ein

Das zweite Wort für Liebe ist Ahava. Hier wird ein ganz anderer Aspekt von Liebe beschrieben. Ahava ist der Teil der Liebe, in der Herz und Verstand zusammenkommen. Es ist der Wunsch nach Verbindlichkeit, weil wir mit dieser einen Person das gesamte Leben teilen wollen. Ahava hat die Kraft, unsere Emotionen und Gefühle in eine Entscheidung münden zu lassen und eine verbindliche und öffentliche Verpflichtung einzugehen für einen gemeinsamen Lebensweg wie die Ehe.

Liebe beinhaltet Leidenschaft

Das dritte hebräische Wort für Liebe ist Dod. Neben den freundschaftlichen und verbindlichen Aspekten der Liebe wird hier etwas beschrieben, das man als den erotischen und sexuellen Aspekt bezeichnen kann. Dod ist das Verlangen, dem anderen nah zu sein. Von dezenten Berührungen bis hin zu Erotik und Sex.

Das Hohelied macht deutlich, dass jeder dieser drei Liebesformen mit einer Flammen zu vergleichen ist. Kommen alle diese drei Flammen zusammen, bilden sie ein mächtiges Feuer und die Liebe kann ihre große Kraft und volles Potential entfalten.

Natürlich können wir mit nur einer oder zwei Komponenten der Liebe auskommen, keine Frage. Aber wir würden weit hinter den Möglichkeiten der Liebe zurückbleiben und die Beziehung könnte uns viel Freude rauben und im schlimmsten Fall sogar eher eine Last als ein Segen sein.

In dem Film „Walk the Line" wird deutlich, dass die große Liebesgeschichte von Johnny und June damit begann, dass beide Freunde wurden. Aus dieser Freundschaft verstärkte sich das Gefühl von körperlicher Anziehung. Und alles gipfelte darin, dass Johnny alles tat, um June in einer verbindlichen Art und Weise ganz für sich zu haben, zu heiraten. Alle drei Flammen bildeten hier das große Feuer der Liebe, das in „Walk the Line" beschrieben wird.

Wie können wir dahin kommen, die Flamme der Liebe als eine mächtige und positive Kraft in unserem Leben zu erfahren?

Eine liebevolle Beziehung besteht aus zwei zufriedenen Individuen

Es gibt eine Menge falscher Mythen über die Liebe. Aussagen wie: „Irgendwo da draußen wartet der perfekte Partner auf mich", „Wenn ich meine Prinzessin finde, dann läuft mein Leben einfach", „Ich mache schon aus dem Frosch einen Prinzen" usw. sind ein großer Trugschluss. Einer der wichtigsten Wege zu einer erfüllenden partnerschaftlichen Liebe ist, als Single glücklich und zufrieden zu sein. Das heißt nicht, dass man sich nicht als Single nach einem Partner umsehen darf. Natürlich darf man das. Aber am Ende besteht eine glückliche Partnerschaft aus zwei zufriedenen Individuen. Denn nur wenn man sich selbst liebt und angenommen hat, kann man das auch mit dem Partner tun.

Liebe bedeutet Annahme

Wer kennt sie nicht, die gutgemeinten und zutiefst liebevollen Versuche der Eltern, uns zu verändern. Dabei geschieht Veränderung vor allem dann, wenn wir den anderen so annehmen, wie er ist (und natürlich besteht die Gefahr, dass der andere für immer so bleibt). Anstelle aus einem Frosch einen Prinzen machen zu wollen, ist das Erfolgsgeheimnis in der Liebe, Frösche zu lieben. Denn die Wahrheit ist, der Frosch bleibt ein Frosch, auch wenn wir in ihm einen Prinzen sehen. Liebe bedeutet also, den anderen brutto zu akzeptieren, mit allen Ecken, Kanten und Unterschiedlichkeiten.

Liebe ist erlernbar

Das Gefühl des Verliebtseins ist ein Geschenk, während Liebe etwas ist, an dem wir arbeiten müssen.

Sich zu verlieben geschieht in einem Bruchteil einer Sekunde. Aus dem Nichts heraus werden dann in unserem Denkorgan zwölf Bereiche gleichzeitig aktiviert, wodurch Hormone ausgeschüttet werden, die für eine fast blinde Euphorie sorgen. Ist dieser Gefühlszustand aber verflogen, geht es darum, Liebe zu lernen und in einen Prozess einzusteigen, den anderen so zu lieben.

> *„Erfreue dich an deiner Frau, die du als junger*
> *Mann geheiratet hast.“*
> Sprüche 5, 18; Hoffnung für alle 2003 (Bibel)

Die Bibel spricht nicht nur ziemlich offen über Liebe und Sex, sondern macht auch immer wieder deutlich, wie groß ihr Spektrum ist und was der Weg für eine gelungene Liebe sein kann.

Aber hat Gott wirklich etwas zu allen Facetten der Liebe einschließlich Sex zu sagen?

Oh ja, und schnallen Sie sich lieber an, denn vielleicht wird das Folgende Ihr Bild über einen prüden Gott sprengen.

Gott der Liebesexperte

Eigentlich kann man Gott und Sexualität gar nicht trennen, weil unsere ganze sichtbare Welt mit einer tieferen geistlichen Wirklichkeit verbunden ist. Da es sich in unserer sichtbaren Welt so sehr um Sex dreht, muss Gott zwangsläufig im Thema eingebunden sein. Und wie er das ist – er ist der Erfinder von Liebe und Sex! Wenn man Sexualität also einen tieferen Sinn geben möchte, dann kommt man gar nicht darum herum, über Gott zu reden. Denn Sexualität führt uns in einen emotionalen Zustand, der nur durch eine einzige Sache zu übertreffen ist: Der Begegnung mit Gott! Gott zu erfahren ist ein spirituelles Erlebnis der intimsten Art. Es kann unsere Hormone in Wallung bringen und manchmal sogar berauschende Elemente beinhalten. Wenn wir es mit Gott zu tun haben, geht es um eine Berührung der Herzen und Emotionen.

Gleichzeitig sehen wir in Erotik und Sexualität die Begrenzungen von Glück und Zufriedenheit. Es wird immer eine gewisse Leere zurückbleiben, die uns den Weg dahin weist, dass nur Gott die Quelle einer tiefen und andauernden Liebe ist.

Können Sie sich vorstellen, dass der Gott, den Sie vielleicht bisher mit alten Kirchengemäuern, harten Holzbänken, festgelegten Liturgien und Gesetzlichkeit verbunden haben, ganz anders ist? Dass selbst leidenschaftlichste Momente, ja der größte Liebesrausch, bei weitem nicht an das heranreichen, was in der Begegnung mit Gott liegt? Eine tiefe Freundschaft, die nicht anders kann, als eine verbindliche Beziehung einzugehen und in Sexualität ihren stärksten emotionalen Ausdruck findet, ist ein Vorgeschmack auf Gott.

DER WEG

Schritt 1: **Lassen Sie sich genug Zeit!**
Prüfen Sie, ob die drei Aspekte der Liebe vorhanden sind. Gibt es eine tiefe Freundschaft, emotionale und körperliche Anziehungskraft und besteht die Bereitschaft, eine verbindliche Lebensgemeinschaft wie die der Ehe einzugehen? Lassen Sie sich Zeit, denn durch die Brille der ersten Verliebtheit sehen wir meistens die Dinge nicht klar. Nur wenn alle drei Flammen vorhanden sind, haben Sie die Chance, die große Kraft der Flamme der Liebe zu erleben.

Schritt 2: **Glauben Sie an eine neue Chance!**
Liebe hat eine unglaubliche positive Kraft. Sie kann aber genauso wie ein Feuer unheimlich verletzen und zerstören. Tun Sie alles dafür, dass die Liebe ein Leben lang hält. Es gibt immer wieder die Chance, Wendepunkte in einer Freundschaft und Ehe zu erzielen. Es hat mit Arbeit zu tun, aber Sie sind nicht allein. Es gibt neben guten Lebensberatern auch sehr gute Literatur wie zum Beispiel „Die 5 Sprachen der Liebe" von Gary Chapman.

Schritt 3: **Lernen Sie von Gott!**
Wenn Gott der Erfinder der Liebe, Erotik und Ehe ist, dann kann man sicher einiges von Ihm lernen. Schauen Sie auf der Suche nach Ihrem Konzept für die Liebe auch in christliche Ratgeber, die Bibel oder suchen Sie Menschen auf, die Ihnen mehr über die Ideen Gottes

zu diesem Thema erzählen können. Beziehen Sie Gott durch das Gebet in Ihre Liebe ein.

REFLEXION

1. Welche Schritte können Sie gehen, um sich auf die große Herausforderung, die große Liebe zu finden, vorzubereiten? Gibt es Menschen, Bücher, Vorträge, irgendetwas, das Ihnen dabei helfen kann?

2. Wenn die Liebe aus den drei beschriebenen Komponenten besteht, wo haben Sie dann Ihr größtes Defizit?

3. Wo haben Sie die zerstörerische Kraft von Liebe erlebt und welche Schritte könnten Sie zur Heilung einleiten?

ÜBUNGEN ZU KAPITEL 4

Das Leben lieben lernen

Ich möchte Ihnen einige wichtige Grundsätze vorstellen, um das Leben lieben zu lernen. Halten Sie sich diese immer vor Augen. Vielleicht hängen Sie diese über Ihren Kühlschrank. Je vertrauter Sie damit werden, desto klarer sehen Sie den Weg, Ihr Leben lieben zu können:

Dies ist Ihr LEBEN. Tun Sie was sie LIEBEN, und tun Sie es oft.

Wenn Sie etwas nicht mögen, dann VERÄNDERN Sie es anstatt zu jammern.

Wenn Sie Ihren JOB nicht mögen, überlegen Sie zu kündigen oder Ihre EINSTELLUNG zu ändern.

Wenn Sie nicht genügend ZEIT haben, hören Sie auf, so lange TV zu gucken oder im Internet zu sein.

Wenn Sie nach der LIEBE Ihres Lebens Ausschau halten, hören Sie damit auf, denn sie wird in Ihr Leben kommen, wenn Sie die Dinge tun, die Sie LIEBEN.

Hören Sie auf, das Leben zu sehr zu analysieren, denn das Leben ist SIMPLER, als Sie denken.

Glaube

KAPITEL 5

Fundament –
Worauf steht mein Leben?

„Wer hohe Türme bauen will, muss lange beim
Fundament verweilen."
Anton Bruckner

Obwohl diese Frage am Ende dieses Buches kommt, gehört sie zu den wichtigsten, die wir uns im Leben stellen
müssen. Diese Frage beantwortet die Tragfähigkeit unseres Lebens. Stellen Sie sich vor, Sie würden ein teures
Haus bauen. Würden Sie es in einer unsichern Gegend
errichten? Oder wenn Sie eines Tages einen Baum pflan-
zen wollen, der Generationen überdauern soll. Würden
Sie sich nicht genau die Beschaffenheit des Bodens an-
sehen? Umso natürlicher sollte es sein, dass wir uns Gedanken darüber machen, ob das, was wir mit unserem

Leben aufbauen, auch den Bedingungen des Lebens trotzen kann. Denn eins ist sicher: Stürme werden kommen und am Fundament unseres Lebens rütteln und die Standfestigkeit testen.

Ich hatte vor ein paar Jahren mal ein Gespräch mit einem Versicherungsmakler. Eigentlich hätte ich nicht die Zeit gehabt, aber da es ein Bekannter war, nahm ich sie mir, um mit ihm über meine Altersvorsorge nachzudenken. Unter einer Bedingung allerdings: Wenn wir mit seinem Thema fertig wären, sprächen wir über ein Thema meiner Wahl, nämlich über den Glauben. Vielleicht denken Sie jetzt, dass wir Pastoren es mit allen Mitteln versuchen. Sie haben absolut Recht!

Gesagt, getan. Als seine Zeit abgelaufen war, stieg ich mit einigen simplen Fragen ein, die ungefähr wie folgt klangen: „Könnten deine finanziellen Sicherheiten jemals zusammenbrechen? Und dann?" „Könntest du jemals unheilbar krank werden? Und dann?" Schließlich kam ich zu meiner letzten Frage: „Könnte es sein, dass du eines Tages sterben wirst? Und dann?" Als wir die Eckpfeiler seines Lebens auf diese Weise durchgegangen waren, fanden wir heraus, dass seine Karriere, Gesundheit, seine Familie, ja noch nicht einmal seine Altersvorsorge sicher waren und er auf mein letztes „Und dann?" keine Antwort wusste.

Er hatte sich eigentlich nie so richtig Gedanken gemacht über den Sinn des Lebens, den Glauben und was für ihn nach dem Tod kommen könnte. Übrigens, unser Gespräch war sehr angenehm. Niemand von uns fühlte sich überrumpelt und alles endete mit einer guten Tasse Kaffee. Genauso entspannt wird es auch in diesem Kapitel zugehen.

Lassen Sie es mich vorsichtig formulieren: Auf unserer Reise zum Leben ist es unerlässlich, darüber nachzudenken, was uns im Leben wirklich trägt und ob es sogar eine Hoffnung gibt, die über den Tod hinausgeht.

Wissen Sie, was ich meine? Was ist also Ihr Glaube? Was sind die Taten, die unser Leben und das unserer Kinder überdauern? Was ist Ihre Vorstellung von dem, was Sie nach Ihrem Gastspiel auf der Erde erwartet? Wissen Sie es, oder wollen Sie sich bei solch einer wichtigen Thematik tatsächlich überraschen lassen?

Auf den folgenden Seiten möchte ich mit Ihnen darum über diese fundamentalen Fragen des Lebens nachdenken und Ihnen helfen, sich diesen zu nähern und sie zu beantworten. Die Wahrheit ruft nach Ihnen: Lassen Sie sich finden!

MATRIX

Die Kraft der Suche

„Die Antwort ist irgendwo da draußen, Neo, sie ist
auf der Suche nach Dir, und sie wird Dich finden,
wenn Du es willst."
Trinity zu Neo in „Matrix"

Der Film „Matrix" erzählt die Geschichte von Thomas
Anderson alias Neo. Anderson arbeitet tagsüber in einer
renommierten Softwarefirma und betätigt sich nachts
unter dem Namen Neo als Computer-Hacker. Seit Jahren beschäftigt ihn die Frage nach Wahrheit, danach, ob
es nicht eine verborgene Information gibt, die den Menschen in ihrer Routine von Arbeit und Freizeit vorenthal-
ten wird. Im Internet lernt Neo eine Frau namens Trinity
kennen. Sie weist ihm den Weg zu Morpheus, der eine
Gruppe leitet, die behauptet, die Antwort zu kennen.
Die Wahrheit, die Neo erfährt ist, dass die Menschen in

einer von Maschinen suggerierten Scheinwelt, genannt Matrix, leben. Eigentlich ist nichts wie es scheint. Die Menschen dienen den Maschinen lediglich als Energiequelle. Neo schließt sich der Gruppe um Morpheus an, die die Menschen aus dieser Sklaverei befreien wollen. Er entpuppt sich immer mehr als der Auserwählte, der in der Lage ist, die entscheidende Schlacht gegen die Maschinen und ihre Agenten zu führen und die Menschen in die Wahrheit und den wahren Sinn ihres Daseins zu leiten.

Die Frage nach dem Sinn des Lebens ist wohl so alt wie die Menschheit selbst. Große Denker wie auch einfache Menschen haben sich mit ihr beschäftigt.

Der Film „Matrix" erzählt die Geschichte von Neo, der sich damit, was ihm seine Umwelt als Sinn des Lebens anbietet, nicht zufrieden gibt und sich auf die Suche macht. Und dann plötzlich passiert es, dass ihn die Wahrheit findet und sein Leben auf ein festes Fundament stellt.

Wussten Sie, dass Gott Ihnen näher ist als Sie glauben? Im Grunde genommen ist Gott Ihnen so nah wie Ihr Atem, denn genau genommen sprechen Sie seinen Namen mit jedem Atemzug aus.

Gott ist uns nahe

Ich möchte das kurz erklären: Das Wort, das wir für Atem in der Bibel finden, ist das hebräische Wort Ruach, was auch Geist oder Seele bedeutet. Im 2. Buch Mose

(Exodus) der Bibel finden wir die Geschichte um Moses, einer der wichtigsten Figuren in dem alten Buch der Bibel. Dort wird beschrieben, wie Moses eines Tages in der Wüste an einem brennenden Dornenbusch vorbeiging, der erstaunlicherweise aber nicht verbrannte. Ich glaube, das ist schon ein Ereignis und wir können gut nachvollziehen, dass Moses sich die Sache auch näher anschauen wollte. Als Moses das tat, sprach Gott zu ihm. Nachdem die Beiden also ein interessantes Gespräch über die wichtigen Dinge des Lebens führten und Gott sich schon verabschieden wollte, stellt Moses Gott diese einzigartige Frage, wie denn sein Name sei. Ein gute Frage, oder? Würden Sie das nicht Gott auch mal fragen wollen, wenn Sie ihm über den Weg liefen? Die Antwort ist verblüffend. Der Name, den Gott Moses sagt, hat die hebräische Bezeichnung YHWH.

Über die Aussprache ist man sich nicht einig, aber eins ist sicher: Der Name Gottes klingt bei genauem Hinhören ganz ähnlich wie das Geräusch unseres Atems.

Mit jedem Atemzug nennt jeder Mensch, vom Atheisten bis zum Gläubigen, den Namen Gottes, mit dem er sich in der Bibel vorstellt. Ist das nicht eine unglaubliche Vorstellung? Gott ist uns so nahe wie unser eigenes Atmen.

Wann haben Sie das letzte Mal über Ihren Atem nachgedacht? Jeden Tag atmen wir ungefähr 26.000 Mal ein. Das sind ungefähr 14.000 Liter Luft, die wir durch unsere Lungen bewegen. Wir konzentrieren uns selten darauf, sondern tun es instinktiv. Darum empfehlen uns immer wieder Ärzte, wir sollten aus dem Bauch heraus atmen, denn wenn wir gestresst sind, dann atmen wir für gewöhnlich aus der Brust. Bei allem, was wir jeden Tag so an Wichtigem zu tun haben – wer von uns denkt schon an das Atmen?

Die allgemeine Überzeugung ist doch, dass Gott nur an den sogenannten „heiligen Orten" zu finden ist. Etwa in einer Kathedrale und Kirche oder in einem Gebet, einer Bibelarbeit oder christlicher Kunst. Die Geschichte von Moses erzählt auf krasse Art und Weise, wie Moses eine Begegnung mit Gott in der Wüste hatte, während er Schafe hütet. Die Begegnung findet also offensichtlich mitten im Alltag statt. Gott begegnet Moses mitten im Leben und diese Art der Gottesbegegnung ist das, was wir in der Geschichte immer und immer wieder sehen können.

Ich habe von einem Mann gehört, der Gott näher sein wollte. Also wurde er Mönch und ging in ein Kloster. Dort angekommen, wurde er eingeteilt, in der Küche zu arbeiten, weit weg davon, jeden Tag in Gebete und geistliche Gesängen eingebunden zu sein. Während er nun täglich in der Küche beschäftigt war, kam er zu der Erkenntnis, dass das Heilige in jeder alltäglichen Tätigkeit zu finden sei, vom Atmen bis zum Geschirrspülen.   Vielleicht ist es ein ungewohnter Gedanke, dass wir Gott auch in unserem Alltag finden können: im Geschirrspülen, Lächeln, Einkaufen, Handwerken, in Filmen und sogar in jedem Atemzug. Wenn Gott uns näher ist als wir denken – wollen wir uns von Gott finden lassen, so wie Neo sich finden ließ?

„Das alles hat er getan, weil er wollte, dass die Men-
schen ihn suchen. Sie sollen ihn spüren und finden
können. Und wirklich, er ist jedem von uns ja so
nahe!"
Apostelgeschichte 17, 27; Hoffnung für alle (Bibel)

Die Bibel ist keine religiöse Geschichte von Menschen,
die sich über Gott Gedanken gemacht haben, sondern
beschreibt Gottes Suche nach Menschen. Nicht nur die
Bibel ist damit einzigartig, sondern auch ihre zentrale Figur, Jesus.

Das Einzigartige an Jesus

Der Film „Matrix" zieht mit Thomas Anderson (Neo)
eine Parallele zu Jesus und seine Einzigartigkeit. Mit ein
bisschen Phantasie und einem Hauch griechischem und
englischem Grundwissen kann man erkennen, dass Neo
„der Einzige" und Anderson soviel wie „der Menschen-
sohn" heißt, beides Titel, die Jesus sich selber gab. Verschiedene Dialoge im Film identifizieren Neo als eine Art
Erlöserfigur (etwa als Choi zu Neo sagt: „Du hast mich
gerettet, Mann. Du bist mein Erlöser!"). Jesus ist kein
Religionsstifter, sondern jemand, der sich als Erlöser, als
Wahrheit und Gott selbst beschreibt. Er ist wie Neo der
Einzige, der die Menschen in das wirkliche Leben führen
kann.

„Viele Menschen haben versucht, Gott zu werden,
aber nur ein Gott wurde Mensch!"
Autor unbekannt

Das Besondere an Jesus ist nicht, dass er die Nächstenliebe gepredigt hat. Andere haben das auch getan. Das Besondere an Jesus ist auch nicht, dass über so viele Wunder von ihm berichtet wird, denn auch da gibt es eine Menge Parallelen zu anderen Führerfiguren in der Geschichte (die das zumindest behaupten). Und das Besondere an Jesus ist ebenso nicht allein, dass er unschuldig als Märtyrer gestorben ist, denn davon gab es viele vor und nach ihm. Das, was Jesus zu einer einzigartigen Person in der Geschichte macht, ist, dass er von Anfang an den Anspruch hatte, der einzige Weg zu Gott, ja Gott selbst in Menschengestalt zu sein. Wenn das stimmte, wäre das absolut einzigartig! Es würde bedeuten, dass wir an einen Gott glauben können, der weiß, wie es sich anfühlt, Mensch zu sein. Gott schwebt nicht in ewiger Glückseligkeit über den Dingen, sondern er wurde Mensch und ist sich im Klaren darüber, was das Leben auf der Erde für uns bedeutet. Sind Sie müde und überarbeitet? Gott kennt das. Als Jesus auf dieser Erde war, kam er manchmal nicht einmal zum Essen, weil alle möglichen Menschen etwas von ihm wollten. Einmal war er so müde, dass er mitten in einem schweren Sturm in einem kleinen Fischerboot schlief. Überkommt Sie manchmal Wut, wenn Sie Unrecht und Heuchelei sehen? Gott kennt das. Als Jesus die Geschäftemacher im Tempel sah, regte er sich dermaßen auf, dass er Tische umschmiss und mit einer Peitsche um sich schlug. Kennen Sie die Versuchung, wirklich schlimme Dinge zu tun? Gott kennt sie. Jesus wurde selbst vierzig Tage lang vom Teufel höchstpersönlich versucht. Sind Sie enttäuscht von Menschen, die Ihnen nahe stehen? Gott kennt das. Jesus selbst wurde von einem seiner engsten Weggefährten verraten. Sie haben Angst, Angst vor dem Tod? Gott kennt das. Jesus selbst hat noch in der Nacht vor seiner Hinrichtung mit dieser Angst gerungen und gebetet: „Mein Vater, ist's möglich, so gehe dieser Kelch an mir vorüber; doch nicht wie ich will, sondern wie du willst!" Gott kam auf diese Welt, um Sie zu suchen!

> *„Denn wer bittet, der bekommt; wer sucht, der findet; und wer anklopft, dem wird geöffnet."*
> Lukas 11, 10 (Bibel)

Die Entscheidung, sich finden zu lassen

Gott sucht Sie! Wollen Sie sich finden lassen? Neo stand zu Beginn des Filmes vor der Entscheidung zwischen der roten und der blauen Pille. Die eine Pille würde alles verändern, während die andere alles beim Alten lassen würde. Die Suche nach unserem Fundament fordert auch eine Entscheidung. Möchten wir heraus aus unserer Scheinwelt, der Matrix, und stattdessen in der Realität leben? Möchten wir uns darauf einlassen, dass es einen Gott gibt, der nach uns sucht? Jeder von uns trifft eine

Entscheidung. Denn auf dem Weg zu Gott gibt es keinen Mittelweg, keine blaurote Pille. Als sich Thomas Anderson entscheidet, die rote Pille zu schlucken, ist es wie ein Schritt des Glaubens. Aus Thomas Anderson wird Neo. Wenn wir uns auf Gott einlassen, dann werden wir laut der Bibel auch ein neuer Mensch. Die ersten Worte, die Neo hörte, nachdem er die Pille geschluckt hat, waren die von Morpheus, der sagte: „Folge mir." Das sind auch die Worte, die Ihnen Jesus zuruft, wenn Sie auf seine suchende Frage antworten wollen. Wie kann man damit beginnen, Jesus nachzufolgen?

Das sind auch unsere ersten Schritte im neuen Leben. Jesus nimmt uns zur Seite und spricht liebevoll:

DER WEG

Schritt 1: **Fangen Sie an zu beten!**
Die Suche nach Gott startet mit einem simplen Gebet: *„Gott, wenn es dich gibt, dann finde mich."* Lassen Sie sich darauf ein, in einen Prozess einzutauchen, in dessen Verlauf Gott Signale in Ihr Leben sendet.

Schritt 2: **Nehmen Sie sich Zeit!**
Nehmen Sie sich immer wieder Zeit für Gott. Lesen Sie das Neue Testament der Bibel. Lesen Sie den Text und halten Sie einen Moment inne, um nachzudenken. Halten Sie Zettel und Stift bereit, und wenn Ihnen eine Eingebung für Ihr Fundament kommt, schreiben Sie diese auf. Suchen Sie die Gemeinschaft mit anderen, die zusammen mit Ihnen über Gott und Jesus nachdenken.

Schritt 3: **Bleiben Sie ein Suchender!**
Egal, wie viel Sie schon über Gott und den Glauben wissen, bleiben Sie ständig ein Suchender. Vielleicht kann Ihr Gebet irgendwann in das folgende münden: „Gott, wenn es dich gibt, dann lass mich dich kennen lernen. Wenn du für mich gestorben bist, dann lass mich das immer mehr verstehen. Hilf mir zu verstehen, was es heißt, dir nachzufolgen."

REFLEXION

1. Wann haben Sie sich das letzte Mal die Frage gestellt, ob sich hinter dem Leben mehr verstecken könnte als Ihnen die Gesellschaft verspricht?

2. Welche Parallelen sehen Sie zwischen Neo und Jesus?

3. Wenn Ihnen der Gedanke neu ist, dass Jesus so einzigartig ist, was hindert Sie daran, sich auf ihn einzulassen?

ADAMS ÄPFEL

Die Kraft des Glaubens

„Ich geh da hin, wo die Leute sterben und nicht,
wenn sie eine Kugel in den Kopf bekommen haben,
im Garten sitzen und 'nen Western Burger fut-
tern. "
Der Landarzt über die wundersame Heilung
von Ivan

Der Dorfpfarrer Ivan leitet eine kleine Gemeinde in der
Provinz Dänemarks. Ivan ist ein absoluter Gutmensch,
der es sich in seinem missionarischen Eifer zur Aufgabe gemacht hat, gestrandeten Menschen zu helfen. So
leben mit ihm ein gescheiterter Tennisspieler, ein Klep-
tomane und Alkoholiker sowie ein arabischstämmiger
Tankstellenräuber. Auf beeindruckende Weise lässt sich
Ivan nicht davon abbringen, das Gute im Menschen zu
sehen und jedem eine göttliche Aufgabe zuzuschreiben.

Das ändert sich auch nicht, als mit Adam die Hausgemeinschaft um einen gewaltbereiten Neonazi anwächst. Auf Ivans Frage, welche Aufgabe Adam im Zuge seiner Resozialisierung erfüllen wolle, antwortet Adam voller Sarkasmus, einen Apfelkuchen backen zu wollen, nicht ahnend, dass der Geistliche ihn ungerührt beim Wort nehmen wird. Adams Aufgabe besteht also darin, den Apfelbaum vor der Kirche zu pflegen, um mit den Äpfeln später einen Kuchen zu backen. Mehr und mehr entsteht eine Spannung zwischen Ivan und Adam, die sich im weiteren Verlauf als Glaubensprobe und Kampf himmlischer Mächte entpuppt. Auf einer Kommode in Adams Zimmer liegt eine alte Bibel, die immer wieder auf den Boden fällt und an der gleichen Stelle aufschlägt: im Buch Hiob, das den Kampf eines Mannes mit Leiden und den Mächten des Bösen beschreibt. Mit viel trockenem Humor gewürzt behandelt der Film „Adams Äpfel" die wahrhaft herrliche Geschichte über einen Pfarrer, einen Nazi und einen Apfelkuchen.

Der Glaube ist immer umkämpft

Die Geschichte um Ivan erzählt davon, welche großartigen Veränderungen uns erwarten, wenn wir anfangen, die Beziehung zu Gott in unser tägliches Leben zu integrieren, lässt aber auch nicht außer acht, dass uns auf dem Weg dahin einige Hindernisse erwarten. Gerade als Adam sich den Gedanken um Gott nähert, bemerkt er innere Widerstände. Wütend schlägt er die Zimmertür zu und jedes Mal fliegt die Bibel auf den Boden und bleibt an der gleichen Stelle der Bibel, im Buch Hiob, offen liegen. Irgendwann hebt Adam sie auf, stellt sich eine Flasche Korn auf den Nachttisch, zündet sich eine Zigarette an und fängt an im Buch Hiob zu lesen.

Kennen Sie das Buch Hiob, dieses wohl älteste Buch der Bibel? Es erzählt folgende Geschichte: „Es war ein Mann im Lande Uz, der hieß Hiob. Hiob lebte ein vorbildliches Leben vor Gott und den Menschen. Er hatte sieben Söhne und drei Töchter, und er war reicher als alle, die im Osten wohnten. Eines Tages bekommt der Satan die Erlaubnis Gottes, Hiobs Kinder in einem Unfall umkommen zu lassen und seinen gesamten Besitz zu vernichten. Viele Kapitel im Buch Hiob handeln vom Leid Hiobs und seinem Ringen, Gott in den ganzen Schwierigkeiten nicht aus den Augen zu verlieren und weiter an Ihm festzuhalten. So kämpft er gegen die negativen Aussagen seiner Frau und seiner Freunde, die ihm ständig erzählen, dass er doch Gott abschwören soll nach all dem, was an Unheil über ihn gekommen ist. Dieser Konflikt gipfelt in der Aussage Hiobs, dass, wenn wir Gutes von Gott empfangen haben, wir auch das Schlechte annehmen sollten. Am Ende des Buches findet eine Versöhnung statt. Nicht nur Hiob erfährt wieder Gottes Gunst und seinen Segen, sondern auch die Kritiker um ihn herum erfahren eine neue und tiefe Begegnung mit Gott."

Geht es nicht vielen von uns so, dass uns viele unserer offenen Fragen den Weg zu Gott erschweren?

Wenn Gott uns liebt und allmächtig ist, warum gibt es so viel Leid?
Warum versagen menschliche Ordnungen immer wieder?
Wohin steuert der ganze Wahnsinn auf dieser Welt?

Ivan hatte es in „Adams Äpfel" auch nicht leicht und wurde Pfarrer, weil sein Leben so perfekt verlief. Ganz im Gegenteil: Er wurde als Kind vergewaltigt, er hat einen spastisch gelähmten Sohn, seine Frau brachte sich um und er selbst leidet an einem Hirntumor. Natürlich kommt Ivan auf den ersten Blick in dem Film etwas zu naiv rüber. Man könnte meinen, er ignoriere einfach die Schicksalsschläge des Lebens. Das tut er aber nur auf den ersten Blick, denn in Wirklichkeit schaut er auf sein Leben durch die Brille des Glaubens. Eines hoffnungsvollen Glaubens, der die Prüfungen des Lebens als Kampf zwischen Gut und Böse sieht und anstatt zu verzagen und aufzugeben, daran festhält, dass mit Gottes Hilfe am Ende alles gut wird.

> *„Am Ende wird alles gut. Wenn es nicht gut wird,*
> *ist es noch nicht das Ende."*
> Oscar Wilde

Gott will auch zu uns reden

Vor einiger Zeit war ich abends mit ein paar Freunden unterwegs. Es wurde eine lange Nacht, die als Krönung um etwa 3 Uhr morgens in einem Schnellrestaurant endete. Als wir endlich unseren Döner in den Händen hielten, standen wir an einem Bistrotisch zwei jungen Frauen gegenüber. Wir kamen ins Gespräch und auf einmal war es passiert: Wir landeten beim Thema „Gott". Sie können sich vorstellen, dass das Gespräch nicht bei einer Dönerlänge blieb. Die beiden Frauen waren extrem skeptisch. Eine erzählte gar, dass sie Religionslehrerin sei, aber dieses Fach aus Gewissensgründen abgeben werde. Lange Rede, kurzer Sinn, ich beschloss, etwas wagemutiger an die Sache heranzugehen. Ich fragte sie, was denn passieren müsse, damit der Glaube an Gott in ihrem Leben wieder eine Rolle spielen würde. Sie schaute in den sommerlichen Nachthimmel und es war auf einmal andächtig still, bis auf den Schluckauf, den sie schon die ganze Zeit über hatte. Während sie nachdachte und dabei niedlich hickste, formten ihre Lippen die Antwort: „Wenn es Gott gibt, dann soll er mir augenblicklich den Schluckauf nehmen." Ich schmunzelte und sagte, dass sie es doch Gott selber sagen solle, denn das möge er am liebsten. Also schaute sie noch mal kurz in den Himmel und sagte so etwas wie: „Gott, wenn es dich gibt, nimm mir jetzt meinen Schluckauf!" Es war still und es blieb still. Gott hatte ihr ein Zeichen gegeben, und der Schluckauf war wie weggeblasen und Tränen flossen über ihr Gesicht. Vielleicht hört es sich wie eine Seifenoper an, aber es war tatsächlich so und ich habe Geschichten wie diese immer wieder erlebt. Da ist der Song, der auf einmal im Radio gespielt wird. Das Handy, das auf einmal zu leuchten anfängt. Der unerwartete Telefonanruf, eine sonderbare Begegnung mit einem Eisbären im Zoo, eine Wolke, die in einer bestimmten Form am Himmel vorbeizieht. Ein Film, der auf einmal nur wie für uns gemacht in unser Leben spricht. Ich könnte diese Liste noch sehr lange weiterführen. Der entscheidende Punkt dabei ist, dass Gott die Bemühungen unseres Glaubens ernst nimmt. Manchmal baut er unseren Glauben auf eine eher humorvolle Weise auf, wie dem Beenden eines Schluckaufs, oder durch Personen wie Ivan, einen Kinofilm, ein Lied oder einen Anruf, ein Buch, das sich immer an der selben Stelle öffnet, eben so, wie Sie es gerade verstehen und brauchen. Wichtig ist nur, dass er es tut und zwar so, dass wir es für uns persönlich als ein wunderbares Zeichen eines liebenden Gottes vom Himmel verstehen.

Gott liebt uns

Es gibt wohl nichts, was uns mehr zu Gott hinziehen würde, als zu erkennen, wie sehr er uns liebt. Aber wenn er uns liebt und so kreative Wege geht, um mit uns in eine Beziehung zu kommen, warum gibt es dann all diese Schwierigkeiten im Leben? Ich habe einen Freund, der immer wieder für einen Parkplatz betet, und das Unfassbare passiert, dass seine Gebete oft erhört werden. Ein anderes Mal habe ich für die Heilung eines Krebskranken gebetet, der dennoch seiner Krankheit erlag. Warum kümmert sich Gott also um einen Parkplatz und lässt einen Familienvater aus unserer Sicht viel zu früh sterben? Warum gibt es überhaupt Krankheiten, Armut, Ungerechtigkeit, Leiden und Tod? Warum lässt Gott all das zu und lässt die Welt vor die Hunde gehen? Kommen wirklich moralisch anständige Menschen in die Hölle, nur weil sie nie von Jesus gehört haben?

Vielleicht kennen Sie diese und noch viele andere Fragen, die es uns manchmal schwer machen, an einen Gott der Liebe zu glauben.

Die ganzen Fragen führen uns zu der tieferen Frage, ob sich Gott mehr um Menschen kümmert und sorgt, als wir es tun. Denn wenn wir schon an einen Gott glauben wollen, dann doch an einen, den wir bewundern können und dessen Liebe uns beflügelt.

Die schlichte Antwort ist: Gott kümmert sich um uns! Ehrlich gesagt gibt es gar keinen anderen Gott, der uns hilft und bereit ist, uns auf solche Weise zu lieben und zu begegnen, wie es der Gott der Bibel tut. Ich kenne keinen Gott, der so viel investiert hat, um Menschen zu begegnen. Einer der wichtigsten Schritt, um sich in die Beziehung dieses Gottes fallen zu lassen, ist, immer wieder zu glauben, dass er uns liebt.

Liebe lässt eine freie Wahl

Etwas, was eine wahre Liebe auszeichnet, ist, dass sie eine freie Wahl lässt. So lässt Gott uns die Wahl, ob wir in die Beziehung zu ihm einsteigen, in der wir eine innere Veränderung unseres Charakters und Herzens erleben. Tun wir es nicht, dann bleibt in uns eine zerstörerische Kraft von Neid, Hass, Zorn zurück, welche die Welt und unsere Mitmenschen ruiniert. Gott für das ganze Unheil der Welt Schuld zu geben wäre so, als würden wir betrunken einen schlimmen Autounfall verursachen und dann der Brauerei die Schuld geben. Natürlich gibt es dann immer noch eine ganze Menge Leid, für das nun wirklich niemand etwas kann. Aber eines Tages werden wir das große Bild erkennen können und sehen, dass Gott gut ist, dass er uns liebt und dass er im Kontext der Liebe bei manchem Leid mit uns weint und trauert, bis zu dem Tag, an dem er uns alle Tränen abwischen wird – für immer!

Auch Sie werden wie Ivan und Adam Erlebnisse haben, die Ihnen Ihren Glaubenweg erschweren wollen. Nachdem Adam am Ende des Films seinen winzigen Apfelkuchen an Ivan überreicht, wird klar, dass er den Glauben an Gott gefunden hat. Im Abspann erklingt ein Song der Bee Gees: „How deep is your love." In dem Lied heißt es: „Wie tief ist deine Liebe. Ich glaube an dich. Du kennst die Tür zu meiner innersten Seele. Du bist das Licht in meiner tiefsten, dunkelsten Stunde. Du bist mein Retter, wenn ich falle." Hiob konnte am Ende seiner Leidensgeschichte über seinen Glauben Folgendes sagen: „Doch eines weiß ich: Mein Erlöser lebt; auf dieser todgeweihten Erde spricht er das letzte Wort! Auch wenn meine Haut in Fetzen an mir hängt und mein Leib zerfressen ist, werde ich doch Gott sehen!" (Hiob 19, 24–26, Bibel). Wie können wir diese Kraft des Glaubens entwickeln?

DER WEG

Schritt 1: **Gottes Liebe erkennen!**
Glauben ist eine Beziehung, in der Gott die treibende Kraft ist. Er tut das, weil er uns liebt. Die Liebe Gottes wird am deutlichsten dadurch, dass Gott alles gab, was er hatte, seinen Sohn (1. Johannes 4, 7–10). Nehmen Sie Jesus an, und wenn Sie das schon getan haben, halten Sie sich diesen kostbarsten Liebesbeweis immer vor Augen.

Schritt 2: **Nichts ist zu klein!**
Beziehen Sie Gott in Ihr Leben ein und schrecken Sie nicht zurück, Ihm auch Ihre täglichen Probleme zu bringen. Gott ist nicht unterfordert, wenn Sie mit Ihm auch die kleinsten Dinge besprechen. Im Gegenteil, es ehrt Ihn. In der Beziehung zu Gott ist es sogar wichtig, dass man alles miteinander teilt, und manchmal liegen die großen Ermutigungen unseres Lebens in den kleinen Details.

Schritt 3: **Nichts ist zu groß!**
Gott wird Ihnen niemals Herausforderungen geben, die zu groß sind. „Es waren einmal zwei befreundete Männer, die fischen gingen. Der eine von ihnen war ein Experte, der andere ein Anfänger. Jedes Mal, wenn der Experte einen Fisch fing, dann legte er ihn in eine Eistruhe. Der Anfänger warf nur die kleineren Fische in die Kühlbox und die größeren zurück in den See. Am Ende des Abends konnte der Experte sich nicht mehr zurückhal-

ten und sagte, dass er es nicht verstehe, dass sein Freund immer wieder einen guten Fang zurückwarf. Dieser antwortete: ‚Ich habe nur eine kleine Pfanne.'" Manchmal sind wir wie dieser Fischer, wir denken in zu kleinen Kategorien und verpassen dadurch große Gelegenheiten. So wie der Fischer einfach die Größe seiner Pfanne verändern müsste, müssen wir auch hier und da die Größe unseres Glaubens erweitern, oder vielmehr den Glauben an einen großen Gott bekommen. Für Gott ist nicht nur nichts zu klein, sondern auch nichts zu groß.

Schritt 3: **Hören Sie auf Gott!**
Das Gebet wird erst richtig spannend, wenn wir es nicht dabei belassen, Gott unsere Anliegen zu nennen, sondern auch lernen, auf Ihn zu hören. Nehmen Sie sich dafür Zeit. Glauben Sie mir, Gott wird Ihnen nie etwas sagen, was anderen Menschen oder gar Ihnen selbst schadet. Sie brauchen sicherlich Übung, die Stimme Gottes von allen anderen Stimmen um Sie herum zu unterscheiden. Beginnen Sie auf ihn zu hören!

REFLEXION

1. Kennen Sie Leute wie Ivan, die, wenn auch manchmal belächelt, einen unbeirrbaren Glauben haben und uns damit faszinieren? Was können Sie von den Leuten lernen?

2. Mit welchem Anliegen könnten Sie sich vorstellen, den Glauben an Gott und das Gebet heute auszuprobieren?

3. Was hindert Sie daran zu glauben, dass Gott die Menschen, Sie inbegriffen, liebt? Wo könnten Sie eine Antwort finden?

SIEBEN LEBEN

Die Kraft des Segnens

„Emily: ‚Warum habe ich das Gefühl, dass Sie mir einen großen Gefallen getan haben?‘ Ben: ‚Weil ich das Gefühl hatte, dass Sie es verdient haben!‘“
Emily und Ben in „Sieben Leben“

Tim verursacht während des Fahrens durch das Schreiben einer SMS einen Autounfall, durch den sieben Personen sterben. Sechs Fremde und seine eigene Verlobte. Aus dem Wunsch heraus, diese Tragödie wieder gutzumachen, beschließt Tim, das Leben von sieben guten Menschen zu retten. Er kündigt seinen Beruf als hoch bezahlter Raumfahrtingenieur und beginnt damit, seinem Bruder einen Teil seiner Lunge zu spenden. Einige Monate später spendet er einen Teil seiner Leber an die Sozialarbeiterin Holly. Anschließend sucht Tim nach weiteren Kandidaten, denen er das Leben retten kann.

Er fährt fort, seine Niere George und sein Knochenmark dem kleinen Jungen Nicholas zur Verfügung zu stellen und sein wunderschönes Strandhaus an Connie zu verschenken, die mit ihren Kindern von ihrem Freund missbraucht wird und fliehen muss. Am Ende bleiben noch zwei Kandidaten, die Tim als gute Menschen geprüft und erwählt hat. Der blinde Fleischverkäufer und Pianist Ezra sowie die schöne Emily mit ihrem angeborenen Herzfehler. Tim möchte nach seinem Ableben Ezra die Sehkraft durch eine Transplantation seiner Augenhornhaut und Emily sein Herz spenden, was sonst aufgrund einer seltenen Blutgruppe fast unmöglich scheint. Er verbringt nicht nur Zeit mit Emily, sondern pflegt ihren Garten, repariert eine Druckmaschine und verliebt sich schließlich in sie. Als Emilys Gesundheitszustand bedrohlich wird, entschließt sich Tim, sein Leben zu opfern, um seinen Plan zu vollenden.

Die Bedeutung der Zahl Sieben

Der Film „Sieben Leben" beginnt mit diesem imposanten Satz von Tim: „Gott hat die Welt in sieben Tagen geschaffen und ich habe meine in sieben Sekunden zerstört." Kennen wir auch dieses Gefühl, wenn wir darauf schauen, was wir Menschen unserem Planeten und dem Großteil der Menschen alles antun? Der Film „Sieben Leben" vermittelt den Gedanken, dass wir durch eine segnende Haltung diese Welt wieder menschlicher machen können, nein, sogar machen müssen. Wie können wir so ein Mensch werden?

Ich möchte zuerst einmal einen Blick auf die Zahl Sieben werfen, die wir im Titel des Filmes finden.

Untersuchungen machen deutlich, dass die Sieben häufig in der Geschichte vorkommt. Ob es Schneewittchen ist, die hinter den sieben Bergen lebt, oder es die sieben Weltwunder sind. Wir scheinen die Zahl einfach zu mögen. Ich habe mal gehört, dass die Zahl sieben die beliebteste ist; und weil die Farbe „blau" am häufigsten als Lieblingsfarbe genannt wird, spricht man von einem „Blaue-Sieben-Phänomen". Auch in der Bibel wird die Sieben häufig erwähnt. So gibt es unter anderem sieben Schöpfungstage, sieben Wunder im Johannesevangelium, sieben Trompeten, die im endzeitlichen Buch Offenbarung eine Rolle spielen werden, der Anspruch von Jesus sieben mal siebzig Mal zu vergeben und seine letzten Worte am Kreuz, die sich in sieben Sätzen wiederfinden.

Es gäbe noch eine Menge anderer Sieben, die ich erwähnen könnte, aber ich denke, Sie wissen, was ich meine. Was hat es eigentlich mit den Zahlen auf sich?

Um den Hintergrund ein bisschen besser zu verstehen, müssen Sie wissen, dass Zahlen neben ihrem Wert oft auch eine bestimmte Bedeutung zugeordnet ist. Und wissen Sie, was die Sieben in der Bibel für eine Bedeutung hat? Genau, sie steht für „Gerechtigkeit". Als ich den Film „Sieben Leben" gesehen hatte, dachte ich, dass die Welt eine bessere und gesegneter wäre, wenn wir nur ein Bruchstück von dem in uns verkörpern würden, was Tim tat. Wie menschlich würde die Welt werden, wenn wir erkennen würden, dass unser Überfluss ein Mittel sein sollte, die Defizite anderer auszugleichen. Und wissen Sie was: Es ist sogar Gottes Idee, dass Sie und ich auf dieser Welt sind, um genau das zu tun. Sie sind dazu geschaffen, um einen positiven Einfluss zu haben, oder um es mit dem alten biblischen Wort auszudrücken: Sie sind geschaffen, um ein Segen zu sein! Könnte dieser Gedanke eine ganz neue Perspektive auf das geben, was Ihnen anvertraut ist?

„Ich bin reich, damit ich viel geben kann!"
„Ich habe viele Begabungen, damit ich mich viel einsetzen kann."
„Ich bin gebildet, damit ich andere unterrichten kann!"
„Ich bin gesund, damit ich anderen körperlich helfen kann!"
„Ich bin stark, damit ich andere tragen kann!"

Segen bedeutet die Förderung von Glück und Gedeihen sowie die Zusicherung von Schutz und Bewahrung. Gott möchte Ihnen dabei helfen, Träger des Segens zu sein. Jemand zu sein, der die Not anderer Menschen lindert oder gar löst. Die erste Predigt, die Jesus öffentlich hielt, macht das sehr treffend deutlich: *„Und man reichte Jesus die Buchrolle des Propheten Jesaja. Er rollte sie auf und las die Stelle, an der es heißt: ‚Der Geist des Herrn ruht auf mir, denn der Herr hat mich gesalbt. Er hat mich gesandt mit dem Auftrag, den Armen gute Botschaft zu bringen, den Gefangenen zu verkünden, dass sie frei sein sollen, und den Blinden, dass sie sehen werden, den Unterdrückten die Freiheit zu bringen, und ein Jahr der Gnade des Herrn auszurufen.'"* Lukasevangelium 4, 17–19 (Bibel).

Viele sogenannte Christen sind leider eher dafür bekannt, gegen etwas zu sein, das Leben von Menschen zu moralisieren, zu erschweren und mit einer Gruppe von Heiligen hinter Kirchenmauern wie in einer Burg zu verschwinden (ab und zu lässt man dann die Zugbrücke herunter und erwartet, dass sich Glaubensferne hinzugesellen). Die Wahrheit ist: Das alles hat reichlich wenig (um es dezent auszudrücken) mit den Aussagen der Bibel zu tun.

Ein Pastor wird Schuhverkäufer

Als ich vor kurzem in San Francisco war, hörte ich eine wahre Geschichte, die mich faszinierte. Vor einigen Jahren gab es dort einen jungen Pastor, der nach seiner Ausbildung mit großem Eifer eine Kirchengemeinde übernahm. Er stürzte sich wirklich voll in die Arbeit mit der Absicht, einen positiven Einfluss auszuüben. Nach einiger Zeit stellte er fest, dass er 90 Prozent seiner Zeit damit zubrachte, die Leute in seiner Kirche zu unterrichten, und ihm nur 10 Prozent blieben, um Menschen außerhalb seiner Kirche Leben bringen zu können. So wie er den Segen verstand, wusste er, dass gerade die Leute außerhalb der Kirche seine Hilfe bräuchten, aber er hatte einfach fast gar keine Zeit und Energie dafür. Über diesen Zustand kam er einfach nicht hinweg, so dass er beschloss, seinen Job als Pastor zu kündigen. Stattdessen eröffnete er einen Schuhladen direkt im Zentrum von San Fransisco. In die Mitte seines Ladens stellte er ein großes, bequemes, rotes Sofa. Kunden, die sein Geschäft betraten, wurden von dem jungen Mann angesprochen und gefragt, ob er ihnen helfen könne, das richtige Paar Schuhe zu finden. Er schlug ihnen vor, auf dem Sofa Platz zu nehmen. Dann lud er sie ein, ihm etwas aus ihrem Leben zu erzählen, ihre Freuden, Sorgen, Fragen, einfach ihre Lebensgeschichte zu teilen. Er hörte zu, um am Ende einen Vorschlag für die passenden Schuhe zu machen. Sie können sich vorstellen, wie viele Menschen einfach unglaublich froh waren, in einer geschäftigen und oberflächlichen Großstadt jemanden zu finden, der sich wirklich Zeit nahm, auf ihr Leben zu hören, und sich für sie interessierte. Menschen öffneten sich und waren gerührt und fühlten sich gesegnet. Schnell sprach es sich herum, was für ein besonderer Schuhladen dort zu finden war, und der positive Einfluss des Schuhverkäufers, der vorher ein Pastor gewesen war, wuchs beständig.

Den Himmel auf die Erde bringen

Wenn wir an Gott denken, dann haben wir das Gefühl, dass sich alles auf den Himmel konzentriert. Das Gegenteil ist der Fall: Gott ist es unheimlich wichtig, wie das Leben hier auf der Erde verläuft. Immer und immer wieder spricht die Bibel davon, dass es sehr wohl eine Rolle spielt, wie wir in Beruf und Alltag mit unseren Mitmenschen umgehen. Wann sind wir das letzte Mal wie Ben in Sieben Leben mit offenen Augen durch den Tag gegangen, die danach suchen, Menschen zu helfen?

„Das einzige, was die Armut beseitigen kann, ist, miteinander zu teilen."
Mutter Teresa

Die falsche Sichtweise, mit der man das Christentum oft betrachtet, ist die, dass es sich hauptsächlich um das Jenseits dreht, um Orte, die wir mit „Himmel" und „Hölle" beschreiben. Natürlich ist die Frage, wie wir in Gottes neue Welt – den Himmel – kommen können, die wichtigste. Schließlich sind unsere Jahre auf der Erde nur ein Wimpernschlag gegenüber einer Ewigkeit, für die es zu planen gilt. Aber mit der Beantwortung dieser Frage geht das Abenteuer auf der Erde erst los. Es ist für mich bemerkenswert, dass es in der gesamten Bibel fast noch mehr darum geht, wie wir den Himmel auf die Erde bringen können. Es scheint Gott extrem wichtig zu sein. Wir lesen in dem alten Buch, wie er selbst auf die Erde kommt, um Menschen wie Abraham und Moses zu treffen, in der Stiftshütte und dem Tempel zu erscheinen und, in der Person von Jesus von Nazareth, in Fleisch und Blut unter den Menschen zu weilen, und schließlich seinen Nachfolgern den Auftrag gibt, das Gleiche zu tun, was er selber tat.

Gott möchte uns gebrauchen, um diese Welt nicht nur menschlicher zu machen, sondern einen Vorgeschmack auf den Himmel zu geben. Was für eine Mission! Wie wäre eine Welt ohne Armut, Krieg und Korruption? Der Friede Gottes, sein Shalom, meint, die Welt im „Hier und Jetzt" wieder auf die Beine zu stellen und nicht ausschließlich auf eine jenseitige Veränderung zu hoffen. Ja, wir sind herausgerufen, die Hände und Füße von Jesus zu sein, für Gerechtigkeit und Heilung zu sorgen, wir sind herausgefordert, den Himmel auf die Erde zu bringen – und das jeden Tag! Ist das nicht eine unglaubliche Mission?

So wie Tim das Leben von sieben Menschen dramatisch verändert hat, haben Sie auch dieselbe Fähigkeit, das zu tun. Es kommt sogar noch besser, Sie müssen es nicht alleine tun, Gott will Ihnen dabei helfen, diese Welt wieder menschlicher zu machen, das zu heilen, was zerbrochen ist, und einen himmlischen Vorgeschmack zu verbreiten.

> *„Dein Reich komme. Dein Wille geschehe wie im*
> *Himmel so auf Erden."*
> Matthäus 6, 10; Luther 1984 (Bibel)

Dieser Ausschnitt aus dem „Vater Unser" (dem einzigen Gebet, das Jesus seinen Nachfolgern lehrte) bringt diesen Gedanken des Segnens radikal auf den Punkt. Das zu beten wäre, als wenn wir sagen würden: „Gott, wo möchtest du mich gebrauchen, ein Stück Himmel auf Erden zu bringen? An wen kann ich deine Liebe und das, was ich zur Verfügung habe, weitergeben?" Gott wird uns daraufhin Gelegenheiten schenken, da bin ich mir sicher.

Wenn wir Menschen vergeben, dann kommt ein Stück Himmel auf die Erde. Wenn wir Geld verschenken, damit das Gefälle von reich und arm ausgeglichen wird, dann kommt ein Stück Himmel auf die Erde. Wenn wir jemanden ein ermutigendes Wort oder eine Schulter zum Anlehnen geben, dann kommt ein Stück Himmel auf die Erde. Wollen Sie ein Mensch sein, der die Kraft des Segnens erlebt?

DER WEG

Schritt 1: **Tun Sie etwas Gutes!**
Segnen Sie die Menschen, die Ihnen in den Weg gestellt werden. Trösten Sie die Traurigen und freuen Sie sich mit den Fröhlichen.

Schritt 2: **Teilen Sie!**
Behalten Sie Ihren Überfluss nicht für sich, sondern sehen Sie diesen als ein Potential, welches es zu teilen gilt. Geben Sie etwas von Ihrer Zeit und Ihrem Geld den Menschen, die es brauchen.

Schritt 3: **Lernen Sie von Jesus!**
Lassen Sie sich von Jesus inspirieren. Er ist auf diese Welt gekommen, um zu dienen und schließlich sein Leben zu geben. Er ist die Quelle unserer Inspiration und Kraft. In der Beziehung zu ihm können Sie ihm ähnlicher werden.

REFLEXION

1. Wenn die Welt einmal ein perfekter, für den Menschen zugeschnittener Ort war (Genesis 1–3), was könnten Sie tun, um diesen wieder menschlicher zu machen?

2. Was macht der Gedanke mit Ihnen, dass es Jesus in seiner ersten Rede nicht darum ging, Menschen spirituell zu retten, sondern dass er alle aufforderte, Leid, Unrecht und Not in der Welt zu lindern?

3. Welche Möglichkeiten sehen Sie, etwas Gutes zu tun, Ihre Ressourcen zu teilen?

ÜBUNGEN ZU KAPITEL 5

Glauben lernen

Die alten Gelehrten wussten schon vor vielen tausend Jahren, dass es beim Lernen um viel mehr geht als um das Anhäufen von Wissen: Es geht um das Tun. Das chinesische Schriftzeichen für Lernen beschreibt ein: „In-Kontakt-Kommen", um eine Ansicht und Meinung zu bilden. Folgende Übungen werden Ihnen helfen, mit Gott in Kontakt zu kommen (ihn kennen zu lernen), indem Sie beginnen, zu ihm zu reden (zu beten). Verkrampfen Sie sich also nicht und reden Sie zu ihm, wie Sie es mit einem sehr guten Freund tun würden.

1. Gott einladen:

„Gott, mir ist klar geworden, dass ich mein Leben selbst bestimmt habe und von dir getrennt bin. Vergib mir meine Schuld. Danke, dass du meine Sünden vergeben hast, weil Christus für mich gestorben und mein Erlöser geworden ist. Herr Jesus, bitte übernimm du die Herrschaft in meinem Leben und verändere mich so, wie du mich haben willst. Danke, dass du mein Gebet beantwortet hast und jetzt in meinem Leben bist."

2. Gott im Alltag erfahren:

„Jesus, ich will, dass du mich gebrauchst. Führe mich zu den Menschen, die du heute durch mich berühren willst.

Du hast mich an meine Schule, an meinen Arbeitsplatz, zu meinem Hobby, in mein gesamtes Umfeld gestellt. Ich will mit dir heute durch den Tag gehen und tun, was du durch mich tun willst, sein, wer ich in dir bin."

3. Unter Gottes Segen gehen:

„Ich stelle mich unter den Segen Gottes, in schlechten und guten Zeiten, in meiner Arbeit und meiner Freizeit, in meinem Lachen und meinem Weinen, bis ich vor Jesus stehe an dem Tag, an dem es keinen Sonnenuntergang und keinen Sonnenaufgang gibt und ich in deiner neuen Welt sein werde."

ERLEBT

Aus dem Leben von Jie Jie N. (33 Jahre)

„*Meinen Glauben zu finden war ein ziemlich langer Prozess. Ich war in meiner Heimat eine gute Musikstudentin und beherrschte die Geige sehr gut. Die Menschen um mich herum hielten eine Menge von mir und ich war sehr beliebt. Ich schien nach außen so glücklich, doch niemand ahnte, dass ich tief in mir etwas vermisste, nämlich das Leben. Dann kam die Depression und nichts schien wie es vorher war. Ich ging in dieser Zeit nach England, um meine Studien zu beenden, aber ich musste schließlich aufhören und die Uni wieder verlassen. Meine Motivation und Lebenskraft waren einfach wie verschwunden. Schließlich schrieb ich mich an einer Universität in den USA ein. In dieser Zeit hatte ich schon einige Therapeuten bezüglich meiner anhaltenden Depression aufgesucht. Leider half alles nicht, so dass ich oft den Unterricht versäumte und meine Noten in den Keller gingen. Die Schulleitung bat mich schließlich, die Universität zu verlassen, um mir eine Pause nehmen zu können. Es war eine schreckliche Zeit und in diesen dunklen Tagen überkam mich sogar der Gedanke, mein Leben zu beenden. Unvorstellbar, wie ich an diesem Punkt enden konnte!*

Weder ein Therapeut, noch Selbsthilfebücher, Gott oder Religion (ich bin als Buddhistin aufgewachsen) schienen mir in dieser Zeit helfen zu können. Meine Zukunft erschien mir sehr dunkel. Während all dieser Zeit meines Suchens kamen immer wieder wie zufällig Menschen in mein Leben, die über eine frische und neue Art des Glaubens mit mir sprachen. Sie erzählten mir von Jesus und Gott, als ob er ein richtig genialer Freund für mich sein könnte. Das hatte ich bisher noch nicht gehört. Bisher hatte ich die Erfahrung mit Religion eher auf eine Weise gemacht, dass ich mich von Gott verurteilt und kleingemacht fühlte. Ich dachte niemals, dass ich zu Gott mit so etwas wie einer Depression kommen könnte.

Schließlich öffnete ich mein Herz diesem ‚neuen Jesus‘. Ich habe ihm in einem Gebet gesagt, dass ich nichts zu bieten habe, wirklich nichts, und wenn er mir helfen würde, dass ich dann zusammen mit ihm durchs Leben gehen würde. Und plötzlich geschah es: Es überkam mich ein Gefühl von Frieden und Freiheit. In nur einem Moment hatte sich mein Leben so verändert, dass mir heute niemand mehr weismachen kann, dass dieser Gott nicht existiert. Natürlich ist mein Leben nicht über Nacht komplett verändert worden. Was in dieser einen Nacht passierte, stellte mein Leben auf ein neues Fundament, und nach und nach erlebte ich tolle und positive Auswirkungen, die ich mir vorher nie erträumt hätte.

Gott gab mir so viel zurück, von dem was mir vorher durch die Depression geraubt wurde: Wundervolle Freundschaften, Lebensfreude und Heilung in verschiedenen Bereichen meines Lebens. Wann immer es heute in meinem Leben Schwierigkeiten gibt, hilft er mir, sie zu überwinden. Heute überlebe ich nicht nur, sondern ich führe ein erfüllendes und bedeutungsvolles Leben. So wurde die Beziehung zu Jesus zu meinem festen Fundament meines Lebens. Ich danke Gott und seiner Gnade!"

Literaturverzeichnis

Bell, Rob: Velvit Elvis. Grand Rapids: Brunnen, 2005.

Boom, C. T.: Die Zuflucht. Wuppertal: Brockhaus, 2004.

McManus, E.: The Uprising Experience. Nashville: Nelson, 2004.

McManus, E.: Go Wild. Wuppertal: Brockhaus, 2005.

Eldredge, J.: Der ungezähmte Mann. Gießen: Brunnen, 2004.

Eldredge, J.: Finde das Leben, von dem du träumst. Gießen: Brunnen, 2000.

Peale, N. V.: Positiv Leben Lernen. Berlin: Ullstein, 2006.

Johnston, R. K.: Reel Spirituality. Grand Rapids: Baker, 2000.

Lucado, M.: Du bist einmalig. Holzgerlingen: SCM Hänssler, 2007.

Frankl, V. E.: Der Mensch vor der Frage nach dem Sinn. Piper: München, 2008.

Roll, M.: Dafür Leben und Sterben. Bonn: Freiraum Bonn, 2010.

Schuller, R.: Life's Not Fair, But God Is Good. Nashville: Bantam Books, 1991.

Audiovisuelle Medien

Breathe (2006). Bell, Rob. DVD. Grand Rapids: Zondervan.

Flame (2005). Bell, Rob. DVD. Grand Rapids: Zondervan.

Der Club der Toten Dichter (1989). Peter Weir. DVD. USA.

Patch Adams (1998). Tom Shadyac. DVD. USA.

Wenn Träume fliegen lernen (2004). Marc Forster. DVD. USA.

Troja (2004). Wolfgang Petersen. DVD. USA

Braveheart (1995). Mel Gibson. DVD. USA.

Das Streben nach Glück (2006). Gabriele Muccino. DVD. USA.

50 erste Dates (2004). Peter Segal. DVD. USA

Good Will Hunting (1997). Gus Van Sant. DVD. USA.

Gran Torino (2008). Clint Eastwood. DVD. USA.

Das Dschungelbuch (1967). Wolfgang Reitherman. DVD. USA.

Walk the Line (2005). James Mangold. DVD. USA.

Matrix (1999). Andy Wachowski, Larry Wachowski. DVD. USA.

Adams Äpfel (2005). Anders Thomas Jensen. DVD. Dänemark.

Sieben Leben (2008). Gabriele Muccino. DVD. USA.

Quellenverweis Umschlag

BILD-Zeitung vom 21. Februar 2011, Seite 4

www.tobiaskron.com

TOBIAS KRON

ERWEITERE DEINE GRENZEN

Mein Name ist Tobias Kron. Ich bin Gründer und Leiter der Freien evangelischen Gemeinde „CityChurch Braunschweig". Ich liebe es, Orte zu kreieren, an denen Menschen zu ihrem wahren Potential aufblühen, ihre Leidenschaften und Berufungen entdecken und somit einen Sog von positiver Veränderung entstehen lassen. Ob in Gottesdiensten, Events, Seminaren oder persönlichen Coachings: ich freue mich, wenn ich Ihnen helfen kann, die Grenzen in Ihrem Leben zu erweitern.

Nehmen Sie Kontakt mit mir auf und laden Sie mich ein.
Und versäumen Sie es nicht, hier mein neues Buch zu bestellen.

Schön, dass Sie hier sind. Sie gehören hier her!